Remane/Wachmann

Zikaden

Reinhard Remane
Ekkehard Wachmann

Zikaden

kennenlernen – beobachten

Naturbuch Verlag

Die Autoren: Reinhard Remane, Jahrgang 1929, Professor im Fachbereich Biologie (Zoologie) an der Philipps-Universität Lahnberge, lebt in Marburg; weitere Veröffentlichungen in deutschen u. ausländischen Fachzeitschriften.
Ekkehard Wachmann, Jahrgang 1937, Professor am Institut für Zoologie der Freien Universität Berlin, lebt in Berlin; weitere Veröffentlichungen, u. a. »Wanzen – kennenlernen, beobachten« (1989, Melsungen; jetzt im Naturbuch Verlag)

Umschlagfotos: l. o.: *Errastunus ocellaris*,
r. o.: *Stictocephala bisonia*,
l. u.: *Oncopsis flavicollis*-Gruppe

Foto auf Seite 2: *Criomorphus* sp.

Die Deutsche Bibliothek – CIP-Einheitsaufnahme

Remane, Reinhard:
Zikaden : kennenlernen – beobachten / Reinhard Remane ;
Ekkehard Wachmann. – Augsburg : Naturbuch-Verl., 1993
ISBN 3-89440-044-7
NE: Wachmann, Ekkehard:

Naturbuch Verlag

Umschlaggestaltung: Peter Engel, Grünwald
Umschlagfotos: Ekkehard Wachmann
Zeichnungen: Manuela Hutschenreiter,
nach Vorlagen von R. Remane
Satz: 10/10½ und 9/9½ P. Garamond
von (Lasercomp) LibroSatz, Kriftel
Reproduktionen: Colorline, Verona
Gesamtherstellung: Appl, Wemding
Printed in Germany

ISBN 3-89440-044-7

Vorwort

Die meisten Naturführer beschäftigen sich mit Insektengruppen, die große und auffällige Formen enthalten. Dieser Band dagegen zeigt die Farbenpracht und Formenfülle relativ kleiner Insekten, der Zikaden – und betritt damit Neuland. Er versucht an Hand einer Auswahl der europäischen Arten darzustellen, daß es nicht nur bei den auffälligen Insektengruppen »Bemerkenswertes« gibt. Allerdings erfordert das Wahrnehmen und Beobachten der meist beweglichen und nicht sehr großen Zikaden etwas mehr Einsatz und Aufwand, als z. B. das Betrachten blütenbesuchender Falter. Nicht zuletzt deshalb dürfte manchem Leser bisher unbekannt sein, daß diese Insektengruppe wissenschaftlich nicht weniger interessant ist als andere Tiergruppen, daß an ihr modellhaft allgemeinbiologische Fragen untersucht werden können, viele ihrer Arten als »Pflanzenschädlinge« eine große Rolle spielen, und daß sie auch in mitteleuropäischen Lebensräumen arten- und individuenreich ist.
Dieser Band ist der Versuch einer Synthese: Zum einen möchte er durch das Abbilden der – vielen wohl noch unbekannten – Farben- und Formenfülle von der »ästhetischen Seite« her einen Zugang zu dieser Insektengruppe ermöglichen und damit vielleicht den Anreiz zu weitergehender Beschäftigung mit ihr schaffen, zum anderen soll durch die Darbietung eines Ausschnittes aus den Fragen und Resultaten der Forschungen an Zikaden auch denjenigen, die auf diesem Gebiet Informationsbedarf haben, eine Einstiegsmöglichkeit geboten werden. Ob uns diese Synthese gelungen ist?

Inhalt

Einleitung

Zikaden sind eine relativ wenig bekannte Insektengruppe, obwohl in Mitteleuropa zwischen 700 und 800 Arten leben und sie in fast allen von Pflanzen besiedelten Lebensräumen anzutreffen sind: vom Gezeitenbereich der Meeresküsten bis in die Hochgebirgszonen, von Pionierpflanzenassoziationen bis zu den Klimaxstadien der Waldlebensräume, von nährstoffarmen Hochmoorflächen bis in überdüngte landwirtschaftliche Nutzflächen.

Der geringe Bekanntheitsgrad dürfte u. a. darauf zurückzuführen sein, daß die meisten in Mitteleuropa lebenden Zikadenarten kaum größer als 1 cm sind, der überwiegende Teil sogar noch viel kleiner (um 5 mm), und einige ausgesprochen winzig (um 1–2 mm). Nur wenige der großwüchsigen Arten der Singzikaden, die in vielen Gegenden des Mittelmeergebiets in den warmen Monaten durch ihren Gesang eine charakteristische »Geräuschkulisse« erzeugen, reichen bis nach Mitteleuropa hinein.

Dieser Band soll nicht nur einen Ausschnitt der in Europa zu findenden Formen- und Artenvielfalt der Zikaden zeigen, sondern auch einige der zum Verständnis dieser Formenvielfalt beitragenden Fakten über Bau und Funktion des Zikadenkörpers bringen. Die weiteren Fakten sollen zudem dabei helfen, den Zusammenhang zwischen Körperbau und Lebensweise zu verstehen. Auch zur geographischen Verbreitung und ökologischen Verteilung schienen uns einige Angaben sinnvoll, insbesondere um die Bedeutung der Zikaden auch für Untersuchungen im Rahmen des Naturschutzes zu zeigen. – Eines kann und soll dieses Buch nicht sein: ein Bestimmungswerk für sämtliche Zikadenarten Mitteleuropas, da sie dazu zu artenreich sind und viele nur durch Untersuchung spezieller, z. T. innerer Organe bestimmt werden können. Die Bestimmungstabellen führen daher nur bis auf »höhere« systematische Einheiten, wie z. B. Familien.

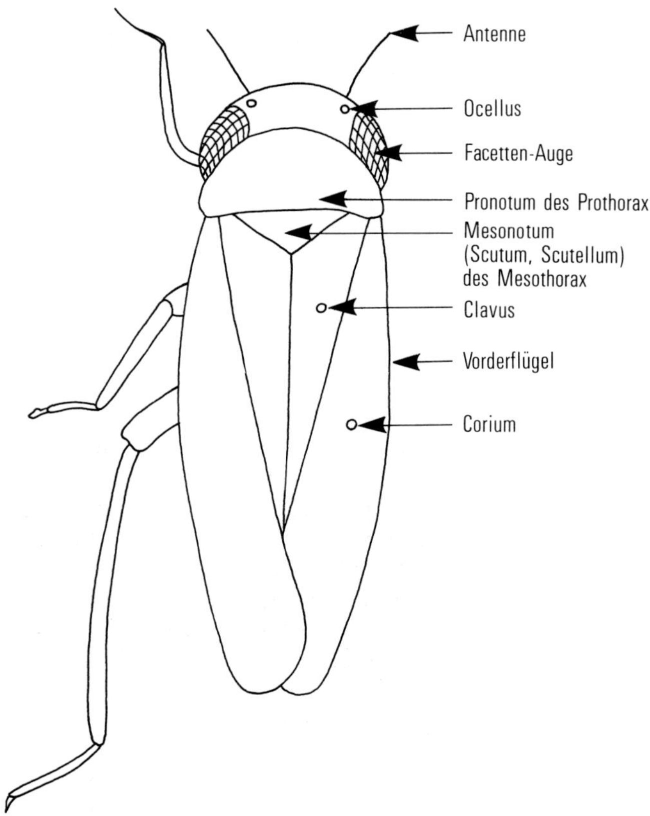

Antenne
Ocellus
Facetten-Auge
Pronotum des Prothorax
Mesonotum
(Scutum, Scutellum)
des Mesothorax
Clavus
Vorderflügel
Corium

Allgemeiner Teil: Bau und Funktion des Zikadenorganismus

Der Grundbauplan der Zikaden und seine evolutionsgeschichtliche Entstehung

Für Zikaden gilt, wie für alle anderen Lebewesen, daß ihr Körperbau und auch ihr Verhalten eine Synthese aus unterschiedlich alten und – was nicht immer dasselbe ist – unterschiedlich »hoch« entwickelten Strukturen ist. Diese Strukturen entstanden über Jahrmillionen in der Generationenfolge und wurden unterschiedlich schnell und weit abgewandelt. Mit diesen Abwandlungen werden bekanntlich neben Leistungsverbesserungen auch Anpassungen an einen neu besiedelten oder sich verändernden Umweltausschnitt geschaffen: Vorhandene Strukturen und Organe übernehmen Zusatzfunktionen, die u. U. später zur Hauptfunktion werden können, neue Verhaltensweisen und Organe werden entwickelt, andere, die unter veränderten Lebensbedingungen »überflüssig« geworden sind, bis zum völligen Verschwinden abgewandelt und abgebaut.
Zikaden besitzen als eine der Teilgruppen der geflügelten Insekten deren im Lauf der Evolution schrittweise erworbenen Grundbauplan: z. B. einen Kopf, an dem das 1. Antennenpaar erhalten ist, der 1 Paar Facetten- und 3 Punktaugen (Ocellen) sowie 3 Paar Mundwerkzeuge trägt, einen Rumpf, dessen 3 erste Segmente als Thorax abgegliedert sind und einen ursprünglich aus 11 Segmen-

ten bestehenden Hinterleib. Laufbeinpaare sind nur am Thorax erhalten, mittleres und hinteres Thoraxsegment tragen je 1 Paar Flügel. Ein Außenskelett sorgt ritterrüstungsartig für Festigkeit, die Beine sind dementsprechend »Gliederbeine« mit der insektenüblichen Unterteilung.
Gegenüber diesem Insektengrundbauplan sind sie in mehreren Merkmalen weiterentwickelt: Die Antennen bestehen nur noch aus wenigen Gliedern, die tasterlosen Mundwerkzeuge sind (wie bei den anderen Rhynchotengruppen) zu einem stechend-saugenden Rüssel spezieller Bauweise geworden, mit dem flüssige oder verflüssigte Nahrung, z. B. aus dem Inneren von Pflanzen, aufgenommen wird. Die Flügel können in eine spezielle Ruhelage zurückgeklappt werden, Vorder- und Hinterflügel sind bereits deutlich formverschieden. Im Flug werden Vorder- und Hinterflügel derselben Seite durch eine »Gleitkoppelung« miteinander verankert, sie bilden damit eine Funktionseinheit: Zikaden fliegen funktionell »zweiflügelig«. Auch der Hinterleib ist weiterentwickelt: Zwar ist bei den ♀♀ noch ein Legebohrer zum Versenken von Eiern in Substrat (oder wenigstens seine Reste) vorhanden, doch ist die Segmentzahl verringert, auch die Cerci (Beinpaarrest des 11. Abdominalsegments) fehlen.

Zikaden im Vergleich mit anderen Rhynchotengruppen

Die Rhynchota (Schnabelkerfe) werden durchweg als geschlossene Verwandtschaftsgruppe gewertet. Unterschiedliche Ansichten gibt es darüber, wieviele ihrer Teilgruppen ebenfalls geschlossene Verwandtschaftsgruppen (Monophyla) sind und wie sie miteinander verwandt sind. Dabei ist strittig, ob die Zikaden ein solches Mo-

l. o. + u.: *Cicada orni* (Mannazikade)

nophylum sind oder ob eine Teilgruppe von ihnen mit den Pflanzenläusen (Sternorrhyncha, d. h. Blattflöhe, Mottenschildläuse, Schildläuse und Blattläuse) nächstverwandt ist. Gibt es doch derzeit kein Merkmal der Zikaden, das unumstritten als allein bei ihnen weiterentwickelt (synapomorph) gewertet wird. Die meisten der allen Zikaden gemeinsamen Merkmale könnten solche sein, die von einer weiter zurückliegenden Stammart ± unverändert beibehalten wurden (Symplesiomorphien), während andere Abkömmlinge derselben Stammart diese Merkmale weiterentwickelten.

Die beiden »Großgruppen« der Zikaden

Zwei relativ verschieden gebaute Gruppen sind in den Zikaden vereinigt, die an dieser Stelle nur kurz vorgestellt werden:
Fulgoromorpha und **Cicadomorpha.**

Fulgoromorpha (auch als **Fulgoriformes** bezeichnet): Mit derzeit ca. 9200 Arten weniger artenreich als die Gruppe der Cicadomorpha, besitzt sie einige speziell ausgeprägte Strukturen, die sie als Monophylum ausweisen dürften: Die Hinterhüften sind fest mit dem Thoraxsegment verwachsen, neben fest chitinisierten besitzen sie ausgedehnte dünnhäutige Partien. Die Fühlergeißel ist zu einer geringelten Borste verschmolzen, die allenfalls im Basisbereich noch Reste einer Gliederung zeigt.
Ob ein vom Mitteldarm in den Kopf ziehender, gasblasengefüllter Fortsatz, das »Mitteldarm-Divertikel« oder

l. o.: *Javesella pellucida* (♂)
r. o.: *Idiocerus populi*
l. u.: *Eupelix cuspidata*
r. u.: *Ledra aurita* (Ohrzirpe)
S. 16 o.: *Dictyophara europaea* (Europäischer Laternenträger)
S. 16 u. + S. 17: *Bursinia spec.*

spezielle Sinnesorgane, die »Sensilla placodea«, auf dem 2. Fühlerglied ebenfalls Neuerwerbungen der Fulgoromorpha-Stammart sind, ist weniger sicher. Zur Unterscheidung von den Cicadomorpha sind weitere Merkmale geeignet: die nahe an die Körperseite verlagerte Basis auch der Mittelhüften, die Deckschüppchen (Tegulae) über dem Vorderflügelgelenk (bei flugunfähigen Formen oft nicht erkennbar), und die Vereinigung der 1. und 2. Analader zu einer »y-Ader«.

Cicadomorpha (Cicadiformes): Mit derzeit über 17000 Arten deutlich artenreicher als die vorige Gruppe, gibt es auch für sie einige Merkmale, die als Synapomorphien gewertet werden – allerdings mit wesentlich geringerem Sicherheitsgrad: Vorder- und Hinterflügel besitzen eine »Randader« (bei kleinwüchsigen Taxa $\pm$ weit rückgebildet). Eventuell ist auch die »Filterkammer« des Verdauungstrakts (s. Kap. 24) eine Synapomorphie (falls ähnliche Strukturen bei Pflanzenläusen konvergent entstanden sein sollten).
Unterschiede gegenüber den Fulgoromorpha bestehen in einigen weiteren Merkmalen, z. B.: keine »y-Ader«, keine Tegulae, keine »Sensilla placodea« auf den Antennen, Mittelhüften bei den Adulten und den meisten Larven nahe der Körpermitte befestigt. Anders als bei den Fulgoromorpha lassen sich hier 3 klar getrennte Großgruppen unterscheiden, die auch Monophyla sein dürften: die Cicadoidea (Singzikaden), die Cercopoidea (Schaumzikaden) und die Cicadelloidea und Membracoidea (Zwerg- und Buckelzikaden).

Zur Biologie der Zikaden

Wie schaffen es Zikaden, in bestimmten Umweltausschnitten zu existieren?

Überleben als Individuum

Basis für das Existieren einer Art ist das möglichst lange Überleben einer ausreichenden Zahl von Individuen. Was muß sie hierfür »können«, und wie ist sie für diese Aufgaben gerüstet?

Orientierung. Die Orientierung der Zikaden erfolgt durch die Aufnahme verschiedener Umweltreize: Ihre Facettenaugen vermögen sowohl Formen als auch Farben zu unterscheiden und zu erkennen: sie befähigen die Zikaden, Verfolger zu bemerken, gezielt herausragende Pflanzen anzufliegen, sich nach der Farbe ihrer Nährpflanzen zu richten und offenbar auch die Eignung einer »Sitz-

u.: *Tibicina haematodes* (Präparat); genau in Bildmitte das lauterzeugende Trommelorgan des ♂.

unterlage« auf verbergende Gleichfarbigkeit zu »beurteilen«. Eine relativ geringe Rolle scheint der Gesichtssinn dagegen bei der Partnerfindung zu spielen. Beim Fliegen in der Dunkelheit scheint der Gesichtsinn wieder wichtig zu sein: Viele Zikadentaxa fliegen nachts Lichtquellen an. Im Grundbauplan sind 3 Punktaugen (Ocellen) vorhanden. Der unpaare Ocellus ist bei der Mehrzahl der Zikaden rückgebildet, aber auch die paarigen Ocellen werden vielfach reduziert, insbesondere bei flugunfähigen Taxa oder Individuen. Die Wahrnehmung von akustischen Reizen scheint eine geringere Rolle zu spielen. Bei den – im Rahmen der Partnerfindung und zur Verteidigung – Schall erzeugenden Singzikaden sind allerdings spezielle Gehörorgane ausgebildet. Chemische Reize spielen offenbar hauptsächlich bei der Nahfeldorientierung eine Rolle: sie informieren z. B. über die Beschaffenheit des Substrats und seine Eignung als Nahrung. Entsprechende Rezeptoren finden sich z. B. an der Rüsselspitze und im Mundbereich. Beim Aufsuchen neuer Nährpflanzen scheinen chemische erst weit nach optischen Reizen wirksam zu werden. Zur Partnerfindung und -erkennung werden chemische Substanzen (Sexualpheromone) offenbar nicht benutzt, bei manchen gregären (in Gruppen zusammenlebenden) Taxa sollen Alarmpheromone existieren.
Mechanorezeptoren (Sinnesorgane für Berührungsreize) unterschiedlichster Bautypen sitzen an fast allen Stellen des Körpers, z. B. auf Flügel, Stechrüssel und Paarungsorganen. Neben beweglich eingelenkten Haaren und Borsten gibt es unterschiedlich gebaute, stärker abgewandelte. Diese Mechanorezeptoren dienen einerseits der »Propriorezeption« (melden also die Lage der einzelnen Körperteile zueinander), andererseits der Wahrnehmung äußerer Reize wie z. B. Luftströmungen, Kontakte mit dem Substrat oder mit anderen Lebewesen. Mit solchen Rezeptoren an den Fußgliedern (Tarsen) werden vermutlich auch die vom Trommelorgan erzeugten Vibrationen des Substrats (also z. B. eines Pflanzenteils) wahrgenommen, die dem Auffinden und Erkennen von paarungsbereiten Artgenossen dienen. (s. S. 35). Nicht für alle

Rezeptoren ist die Funktion bekannt – ein Beispiel dafür sind die bei (fast) allen Fulgoromorpha vorhandenen »Liebenbergschen Borstengruben«.

Informationsverarbeitung (Nervensystem). Wie bei anderen Insekten auch ist das Nervensystem ein Strickleiter-Nervensystem. Von diesem sind infolge von Konzentrations-Prozessen bei Zikaden nur noch die Zentren im Kopf und im Thorax vorhanden, das Abdomen wird vom hinteren thorakalen Zentrum aus versorgt. Daß das Nervensystem neben der direkten Informationsverarbeitung noch eine Anzahl weiterer Aufgaben besitzt (z. B. Steuerung der Metamorphose), sei hier nur erwähnt.

Reaktionsvermögen und -weisen. Die häufigste Fortbewegungsweise der Zikaden ist zweifellos das **Laufen**. Die Beine besitzen den »insektenüblichen« Bau aus Coxa, Trochanter, Femur, Tibia und 3 (bei den Larven 2) Tarsengliedern, an denen 1 Paar Klauen, meist auch »Pulvillen« genannte Strukturen, »Borsten« u. a. m. sitzen. Bei den meisten Zikadentaxa übernehmen die Beinpaare jedoch zusätzliche Fortbewegungsweisen:

– Bei den unterirdisch lebenden Larven der Singzikaden sind die Vorderbeine zu Grabbeinen umgewandelt (s. Abb. S. 39).
– Eine markante Fortbewegungsweise der meisten Zikaden ist das **Springen**. Sie besitzen oft speziell dazu umgewandelte Hinterbeine. Einige weitere Funktionen der Beine: Wegstoßen von zu nahe kommenden Objekten, z. B. von ♂♂ durch nicht paarungsbereite ♀♀. Da Zikaden Pflanzensauger sind, entfällt das Beutegreifen. Verteidigung mit Hilfe der Beine scheint sich auf »Freistrampelversuche« zu beschränken. Bei Singzikadenlarven schildert Boulard (1990) Verteidigung mit den Grabbeinen. Bei der Paarung spielen die Beine mechanisch kaum eine Rolle. Auch zum Putzen werden sie offenbar kaum verwendet, bei Cicadelliden aber zur Verteilung eines Sekrets, das vor Benetzung schützt (»Brochosomen«).

Die Stammart aller Zikaden war flugfähig (und diejenigen aller größeren Verwandtschaftsgruppen innerhalb der Zikaden ebenfalls). Im Grundbauplan der Zikaden sind beide Flügelpaare erhalten, allerdings sind vorderes und hinteres deutlich formverschieden: Die in der »dachartigen« Ruhelage die Hinterflügel bedeckenden Vorderflügel sind bei vielen Zikaden teils stärker sklerotisiert, teils andersartig gefärbt oder gemustert (sowohl im Sinne von Verberg – als auch von Auffälligkeitstrachten).
Der Antrieb wird von indirekter Flugmuskulatur geliefert. Geflogen wird z. B. zur Ausbreitung, zum Aufsuchen neuer Nährpflanzen oder von Plätzen zur Überdauerung ungünstiger Jahreszeiten, zur Herstellung des Genaustauschs zwischen Populationen, zur Bildung von Aggregationen und auch auf der Flucht. Paarungs- oder Balzflüge scheinen dagegen zu fehlen.
Viele Zikadentaxa, zumindest ein Teil ihrer Individuen, sind flugunfähig, die Flügel sind dann ± verkürzt und reduziert. Das kann bei nur einem oder auch beiden Geschlechtern der Fall sein, wobei bei einigen Taxa offenbar über die Umweltqualität während der Larvalentwicklung determiniert wird, ob flug- oder flugunfähige Adulte entstehen (normalerweise: schlechte Nährpflanzenqualität, hohe Besiedlungsdichte = flugfähig, gute Nährpflanzenqualität, geringe Besiedlungsdichte = flugunfähig).
Bei einer Anzahl von Taxa ist die Flugfähigkeit jedoch bei keinem Individuum mehr vorhanden. Besonders auf den Vorderflügeln können nun nicht nur »Tarnfärbungen«, sondern auch ± bizarre Auswölbungen und Sonderstrukturen entwickelt sein. Verständlicherweise scheint eine Reduktion der Flugorgane fast nur bei ± bodennah lebenden Taxa aufzutreten: Besiedler der Baumschicht sind stets flugfähig. Bei keiner Zikade jedoch fehlen die Vorderflügel völlig.

Energieversorgung (Ernährung und Atmung). Ernährungsmäßig sind Zikaden hochgradig spezialisiert: Die gesamte Nahrungsaufnahme erfolgt quasi »per Strohhalm« – die Mundwerkzeuge sind zu stechend-saugender

Funktionsweise umgewandelt. Zikaden sind auf bereits flüssige oder quasi-flüssige Nahrung angewiesen.
Fast alle Zikaden sind »Pflanzenfresser« (phytophag). Nur für wenige Arten wird angenommen, daß sie sich von Pilzhyphen ernähren. Keine Art saugt tierisches oder menschliches Blut – bei trockenheißem Wetter können allerdings »Probestiche« durstiger Zikaden auf schweißfeuchter menschlicher Haut vorkommen.
Innerhalb der Zikaden haben sich weiterhin unterschiedliche Arten auf die Nahrungsaufnahme aus unterschiedlichen Teilen der Pflanze spezialisiert. Als Folge treten Unterschiede in der Technik der Nahrungsaufnahme und der Art der Nahrungsverarbeitung auf, aber auch in der Zusammensetzung des flüssigen Kotes. Die 3 wesentlichen Pflanzenbereiche, aus denen Nahrung entnommen wird, sind die Leitungsbahnen, die Zellverbände der Blätter zwischen den Epidermis-Schichten (Mesophyll) und die Wurzeln.
Unter den Zikaden, die an Leitungsbahnen saugen, finden sich solche, die (ausschließlich?) den im Xylem aufsteigenden Saft trinken (Xylemsauger), und solche, die den absteigenden des Phloems nutzen (Phloemsauger). Taxa, die an Wurzeln saugen, dürften ernährungsphysiologisch zu den Xylemsaugern gehören. Die chemische Zusammensetzung von Xylem- und Phloemflüssigkeit ist unterschiedlich: In der Xylemflüssigkeit werden vorwiegend Wasser und Mineralsalze (im Frühjahr auch aus dem Wurzelbereich Reservestoffe) hinauftransportiert, im Phloemsaft dagegen neben Proteinen und Cytoplasmasaft Phytohormone, Salze und vor allem Saccharose und andere Zucker.
Insgesamt scheinen sowohl Xylem- als auch Phloemsaft eine relativ unausgewogen zusammengesetzte Nahrung zu sein: Um bestimmte Stoffe in ausreichender Menge zu erhalten, muß die Zikade andere Stoffe in für sie unverwertbarem Überschuß aufnehmen. Diese Situation war nur durch die Entwicklung bestimmter Techniken zu bewältigen: zum einen durch spezielle Konstruktionen im Verdauungstrakt, zum anderen durch »physiologische

Hilfstrupps«. Durch den besonderen Bau des Verdauungsapparats werden überschüssiges Wasser und (vor allem bei Phloemsaugern) auch überschüssige Kohlenhydrate bereits im vorderen Darmbereich abgefangen und »kurzgeschlossen« in den Enddarm befördert. Die höchstentwickelten Einrichtungen dieser Art sind unter dem Namen **»Filterkammer«** bekannt. Solche Filterkammern (s. z. B. STRÜMPEL, 1983) besitzen vor allem die Cicadomorpha, bei den Fulgoromorpha scheinen einfachere Konstruktionen ähnliche Dienste zu leisten.
Als »physiologische Hilfstruppen« werden Symbionten (wahrscheinlich durchweg Bakterien) im Fettkörper und in speziellen Geweben (Mycetomen) gehalten. Es wird vermutet, daß diese Symbionten für die Zikaden Vitamine herstellen, die in der Nahrung fehlen.
Die Aufnahme überschüssigen Wassers und Zuckers hat Konsequenzen für die Technik der Kotabgabe, denn der Kot erstarrt beim Trocknen zu einer klebrigen Masse: um nicht im eigenen Kot zu ersticken, muß ihn die Zikade weit wegspritzen. Unter einem reich mit Kleinzikaden (und Blattläusen) besetzten Baum geht zeitweise ein ständiger Regen feiner Kottröpfchen nieder – wer sein Auto im Sommer unter einer derart besiedelten Linde geparkt hatte, weiß, wovon die Rede ist.
Der Zucker des Kots (in ihm ist bei vielen Taxa ein hoher Anteil selbst synthetisierter und als Abfallprodukt ausgeschiedener Zucker enthalten) ist für manche Fliegen und Hautflügler eine begehrte Nahrung (»Honigtau«), für bestimmte Rußpilze ein Wachstumssubstrat. In trockenwarmen Gebieten gehört auch der Mensch zu den Nutznießern, da bei der Erzeugung von »Manna« offenbar auch Zikaden beteiligt sind. Einige staatenbildende Hautflügler (z. B. Ameisen) haben die Konkurrenz bei der Jagd auf diesen begehrten Zuckerkot abgehängt: sie sind dazu übergegangen, ihn sich direkt vom After der Zikade zu holen. Wie die Pflanzenläuse haben die Zikaden evolutiv »gelernt«, gegenüber diesen Hymenopteren nicht nur keine Fluchtreaktion zu zeigen, sondern auf bestimmte Kontaktsignale hin ihren Kot als Tröpfchen austreten zu

lassen, statt ihn wegzuspritzen. In manchen Fällen signalisieren offenbar Zikaden durch bestimmte Hinterleibsbewegungen ihren »Betreuern« ihre Bereitschaft zur Kotabgabe. Die Hymenopteren ihrerseits sehen in den entsprechenden Zikaden keine Beutetiere. Ganz im Gegenteil: ihre Anwesenheit hindert Zikadenräuber ± erfolgreich am Angriff. Bei manchen Zikaden (besonders ihren Larven) dient der Kot eigenen Zwecken: bei den Schaumzikaden ist er mit in der schaumbildenden (nicht zuckerhaltigen) Flüssigkeit enthalten, die über den After ausgeschieden wird.
Etwas vereinfacht sind die Verhältnisse bei den Mesophyll-Saugern (bei uns die Typhlocybinen): bei ihnen existiert keine Filterkammer, und auch Symbionten sind nicht mehr vorhanden. Offenbar ist diese Art der Nahrung hinreichend ausgewogen zusammengesetzt, um beides überflüssig zu machen.
Die meisten Zikadentaxa sind zusätzlich auf bestimmte Nährpflanzen beschränkt. Die Gründe hierfür sind in den meisten Fällen noch ungeklärt – neben Abwehrmechanismen bestimmter Pflanzen (z. B. Langhaarigkeit, chemische Substanzen) dürften auch Standortbedingungen oder einfach »Prägungen« der Zikaden auf bestimmte Inhaltstoffe eine Rolle spielen (s. S. 49).
Die **Atmung** sorgt bekanntlich für die Zulieferung von Sauerstoff für die zur Energiegewinnung notwendigen Verbrennungsvorgänge im Körper. Das Entfernen z. B. von CO_2 spielt demgegenüber hier eine geringere Rolle. Wie bei fast allen Insekten erfolgen Sauerstoffaufnahme und -verteilung über das Tracheensystem. Sonderstrukturen im Zusammenhang mit der Atemfunktion finden sich nur bei denjenigen Zikaden (offenbar nur die Larven der Cercopoidea und mancher Cicadoidea), die zum Leben in Flüssigkeit übergegangen sind: bei ihnen wurde der Hinterleib umgebildet, um das Luftholen und -festhalten zu ermöglichen.

Überleben abiotischer Veränderungen. Um als Individuum überleben zu können, muß eine Zikade auch mit unerwartet oder regelmäßig auftretenden ungünstigen Lebensbedingungen fertig werden können (Temperatur, Feuchtigkeit, Strahlung, Luftströmung). Bei kurzzeitigen Veränderungen können Ausweichmanöver lebensrettend sein, sofern die Veränderungen nicht zu stark sind.
Bei langfristigen, zyklischen Veränderungen (Winter-, Sommer-Trockenzeiten) sind andere Verhaltensweisen notwendig: Ist die Zikade unfähig, diese Umweltbedingungen lebend zu überstehen, bleibt nur längerfristige oder endgültige Abwanderung. Derartige Ortsveränderungen scheinen, zumindest bei mitteleuropäischen Zikadenarten, kaum zu existieren. Fast sämtliche, hier stattfindenden »Abwanderungen« dürften biotische Gründe haben (z. B. Nahrungsmangel). Wenig bekannt ist auch über das gezielte Aufsuchen von Überwinterungs- oder Übersommerungsquartieren vor Einsetzen der kalten bzw. trockenheißen Jahreszeit. Zu beobachtende Flugaktivitäten und Standortwechsel (z. B. Winteraufenthalt von Arten laubabwerfender Gehölze auf immergrünen Pflanzen) könnten durch die erwähnten biotischen Gründe ausgelöst werden.
Die Zikade kann diesen Veränderungen jedoch auch mit physiologischer Adaptation des Körpers begegnen: a) Anreicherung von »Frostschutzmitteln« (z. B. Glyzerin) zur Überdauerung kalter Jahreszeiten. b) die Fähigkeit, jahreszeitgebundene Veränderungen, z. B. solche der Tageslänge, als Signalgeber für Stoffwechsel-Vorgänge schon bei noch guten Verhältnissen zu nutzen: beispielsweise Fettkörper statt Gonaden zu vergrößern. Diese Fähigkeiten werden besonders dann relevant, wenn eine Art in einem bestimmten Gebiet nur in bestimmten ihrer Altersstadien die periodisch ungünstigen Bedingungen überleben kann (s. S. 46). c) Fähigkeit, Trockenperioden trotz starken Wasserverlusts überleben zu können (»Anabiose«) – bei Zikaden ist offenbar nur das Ei mancher Arten (bei uns vorwiegend im Winter, in trockenwarmen Gebieten in der Sommerdürre) befähigt, derartiges Austrocknen zu überleben (»hygrische Quieszens«, s. S. 46).

Überleben ungünstiger biotischer Situationen. Eine der häufigsten Situationen dieser Art dürfte für Zikaden das »Ungeeignet-Werden« der bisher genutzten Nährpflanze (Nahrungsmangel) sein. Als Reaktion darauf ist nicht nur ein Übersteigen auf eine andere Pflanze derselben Art, sondern auch ein genereller Wechsel auf eine andere Pflanzenart möglich. Als »obligater Wirtswechsel« ist er bei Zikaden allerdings auf wenige Taxa beschränkt.
Die meisten **Räuber** haben Zikaden nur gelegentlich auf ihrer Speisekarte. Hierzu gehören zahlreiche Säuger, vor allem Insectivoren (z. B. Spitzmäuse), sowie Fledermäuse. Für größere Carnivore sind die meisten europäischen Zikadentaxa vermutlich zu klein.
Ähnliches gilt wohl auch für viele Vögel, Reptilien und Amphibien. Bei den Spinnentieren erbeuten in erster Linie die Spinnen selbst, und zwar sowohl frei jagende Gruppen (Lycosiden, Salticiden) als auch Fallensteller (z. B. Dictynidae), das weiteste Spektrum an Taxa und die höchste Zahl an Zikadenindividuen.
Mit zu den wichtigsten Freßfeinden der Zikaden dürften Taxa anderer Insektengruppen gehören: Raubwanzen verschiedener Familien (z. B. Nabidae), einige Miriden (saugen erhebliche Mengen von Zikadeneiern aus); dazu Netzflüglerlarven, diverse Käfer und manche Zweiflügler. Für die wenigsten scheinen Zikaden die Hauptbeutetiere zu sein – die Ausnahme könnten die erwähnten eiersaugenden Miriden sein und offenbar einige Taxa der Grabwespen (Hymenoptera, Sphecidae): deren ♀♀ fangen gezielt Kleinzikaden, lähmen sie durch einen Stich und tragen sie als Larvennahrung in die Brutkammern ein.
Viele unserer Zikadentaxa haben im Laufe ihrer Evolution mehr oder weniger perfekte Verbergtrachten erworben, die sie für optisch jagende »Bewegungsseher« schwer bis überhaupt nicht erkennbar machen. Diese Trachten sind bei manchen Taxa Synchromatismen (z. B. Rindentarnung bei *Ledra*, s. Abb. S. 157 o.), bei manchen offenbar »somatolytische«, d. h. den Körperumriß auflösende kontrastreiche Farbmuster (s. z. B. bei *Aphrodes bifasciatus* ♂♂,

Abb. S. 217 u., bei den Larven von *Eupterycyba*, s. Abb. S. 205 o. l.). Verfügen die Individuen einer Art dagegen über Verteidigungsmechanismen (z. B. Gift), so selektiert ein lernfähiger Verfolger im Lauf der Zeit diese Art auf leichte Erkennbarkeit, indem jeweils die Individuen, die er rechtzeitig als ungenießbar erkennt, statistisch erfolgreicher zur Fortpflanzung kommen: die Art erwirbt im Lauf der Generationen eine Warntracht. Derart »warntrachtverdächtig« sind in Europa nur die Cercopidae.
Nur bei tropischen Zikadentaxa scheint es darüberhinausgehende Schutzfärbungstrachten zu geben: Vortäuschen von Pflanzen-Blütenständen, von Tieraugen *(Fulgora)*, Eidechsenköpfen *(Fulgora)*, von »falschen Köpfen« u. a. m. Allenfalls bei einigen südeuropäischen Caliscelinen und Orgeriinen existieren eigenartige Körperformen, Farben und Strukturen, die den Verdacht auf derartige Funktionen erwecken – genauere Untersuchungen müssen diese Frage klären.
Die verbreitetste Methode der »Feindvermeidung« ist bei den Zikaden anscheinend die Flucht. Das beginnt mit einem »in Deckung gehen«. Bei stärkerer Beunruhigung erfolgt ein Fluchtsprung, entweder mit anschließendem Flug oder darauf folgendem Herunterfallen. Bei Verfolgung versuchen besonders Cicadelliden, nach einer Serie von Fluchtsprüngen, in die bodennahen Streuschichten abzutauchen.
Auffällige Färbung (s. Abb. S. 147) und »unbesorgtes« Verhalten vieler Cercopinae-Taxa lassen allerdings vermuten, daß sie chemische Inhaltsstoffe besitzen, die sie zumindest für einige der regionalen Insektenfresser unschmackhaft machen. Ihre Häufigkeit im Verhältnis zu anderen entsprechend gefärbten Taxa ist in Mitteleuropa so groß, daß es unwahrscheinlich ist, daß sie nur ungeschützte (Bates'sche) Nachahmer geschützter Taxa anderer Insektengruppen sind.
Auch die Produktion von Wachsfadenbündeln könnte zur Ungenießbarkeit beitragen. Desgleichen scheint die Schaumhülle, in die die Larven der Cercopiden eingehüllt sind, gegen einige Räuber zu schützen.

Hat ein Verfolger trotz allem eine (adulte) Zikade erwischt, so setzt sie ihr Trommelorgan als »letzten Rettungsversuch« ein: Durch permanentes Vibrieren wird versucht, den Angreifer noch abzuschrecken. OSSIANNILSSON (1949) prägte dafür den Ausdruck »dying yell«, also Todesschrei – »geplant« ist er aber wohl eher als Befreiungsruf. Über nennenswerte mechanische Verteidigungsmöglichkeiten (Stechen, Kratzen), scheinen Zikaden nicht zu verfügen. Desgleichen sind dem Angreifer applizierbare chemische Abwehrstoffe offenbar (im Gegensatz zu gezielt giftspritzenden Wanzen) bei Zikaden nicht vorhanden.

Parasitoide und Parasiten spielen offensichtlich eine nicht unerhebliche Rolle. Im Gegensatz zu den Räubern scheint hier ein sehr viel höheres Maß an Spezialisierung vorzuliegen: Sämtliche Arten der Hymenopterenfamilie **Dryinidae (Zikadenwespen)** und fast alle Arten der Dipterenfamilie der **Pipunculidae (Augenfliegen)** entwickeln sich als Larven in Zikaden.

In Mitteleuropa sind es im wesentlichen diese beiden Gruppen von Parasitoiden, deren Larven sich in Zikaden entwickeln. Bei beiden sind es die ♀♀, die kleinere, im Normalfall noch larvale Zikaden fangen und ihnen ein Ei in den Körper stechen. Die Dryiniden greifen die Zikaden mit Vordertarsen, die zu einer raffinierten »Fangschere« umgebaut sind, die Pipunculiden fangen sie, aus dem Flug herabstoßend, mit den Beinen. Bei beiden schlüpft aus dem Ei eine endoparasitische Junglarve, die bei den Pipunculiden im Zikadenabdomen bleibt. Bei den Dryiniden dagegen durchbricht die Larve später die Intersegmentalhaut der Wirtszikade und wird zum stationären Ektoparasiten, der von seinen nur unvollständig zur Seite abgestreiften Häuten geschützt wird. Beide sind Parasitoide: Am Ende ihres Larvenlebens (vor der Verpuppung) töten sie die Zikade und fressen sie leer. Die Dryinidenlarve sprengt dann die Hülle ihrer abgestreiften Larvenhäute und kriecht davon, um sich an einem geeigneten Platz zu verpuppen. Die Pipunculidenlarve reißt eine Intersegmentalhaut des Zikadenabdomens dreiviertelkreisförmig auf und begibt sich in die Bodenstreu, wo sie zur Tönnchenpuppe erstarrt.

Die Larven beider Gruppen können erhebliche physiologische Veränderungen bei den älter werdenden Zikaden bewirken: sie programmieren deren Stoffwechsel »parasitengerecht« um. Die Zikade bildet viel Haemolymphe und Fettkörper, die Entwicklung der Gonaden, aber auch die des Exoskeletts wird mehr oder weniger stark unterdrückt: die Zikade wird parasitär kastriert, zusätzlich ist sie »stumm«. Bei sexualdimorphen Taxa sind die ♂♂ ± weibchenfarbig.

Eine geringere Rolle spielen in Mitteleuropa die **Strepsiptera (Fächerflügler)**. Nur einige ihrer Taxa sind Zikadenparasiten. In ihrer Biologie nehmen sie eine Mittelstellung zwischen Parasiten und Parasitoiden ein: von Strepsipteren-♂♂ parasitierte Zikaden sterben meist einige Zeit, nachdem das Strepsipteren-♂ aus seiner Puppe geschlüpft ist. Der Befall durch Strepsipteren-♀♀ wirkt dagegen auf die Zikade quasi wie ein Lebenselixier, sie lebt durchweg viel länger als ihre gesunden Altersgenossen. Das hat »parasitendienliche« Gründe: Anders als bei den zuvor dargestellten Gruppen wird die (meist junge) Zikade durch aktiv »jagende« Strepsipteren-Erstlarven befallen, die sich einbohren und in eine endoparasitische, ± madenartige Larvenform verwandeln. Diese Larve verläßt bei den höher entwickelten Strepsiptera-Gruppen die Zikade nicht am Ende ihres Larvallebens, sondern bildet durch Nichtabstreifen der Larvenhaut ein Puparium, von dem nur das Vorderende die Intersegmentalhaut des Zikadenabdomens durchbricht. Das ♂ fliegt nach Absprengen des äußeren Pupariumdeckels davon, die ♀♀ der bei uns lebenden Taxa bleiben im Puparium und mit ihm in der Zikade, werden so von den ♂♂ aufgesucht und begattet. Die ♀♀ gebären durch einen Brutspalt aktive Erstlarven, die sich auf die Suche nach Zikadenlarven der Folgegeneration begeben: Da einerseits die Produktion derartig hochentwickelter Nachkommen in ausreichend hoher Zahl (bis 1000 und mehr werden angegeben) Zeit braucht und diesen Junglarven schon wieder Zikadenlarven der Folgegeneration zur Verfügung stehen müssen, muß eine von Strepsipteren-♀♀ befallene Zikade lange leben: Derartige Zikaden sitzen dann als wandelnde »Büchse der Pandora« zwischen den Nachkommen ihrer gesund gebliebenen Geschwister und infizieren diese mit den aus ihren Strepsipteren-♀♀ ausschwärmenden Erstlarven. Unter bestimmten Bedingungen kann es dabei zu hundertprozentiger Parasitierung der Individuen einer Zikadenpopulation und, da die befallenen Zikaden ausnahmslos parasitär kastriert sind, zu deren Erlöschen kommen.

Diese spezielle Lebensweise der Strepsipteren schützt andererseits viele Zikadentaxa davor, von ihnen befallen zu werden: Arten, die zu bestimmten Jahreszeiten ausschließlich im Eistadium vorhanden sind (bei uns z. B. univoltine Eiüberwinterer!), sind mehr oder weniger unangreifbar – dieselbe Art kann jedoch in anderen Gebieten, in denen ganzjährig Larven und Adulte vorhanden sind, Strepsipterenwirt sein.

Eine weitere Insektengruppe, deren Verhalten auf der Grenze zwischen Parasit und Parasitoid liegt, kommt in Südwesteuropa vor: die Schmetterlingsfamilie **Epipyropidae**. Ihre Raupen entwickeln sich auf Zikaden als mobile Ektoparasiten, die auf dem Rücken oder Bauch sitzen und sich auf einem von ihnen angelegten »Spinnfadenteppich« festhalten. Die Epipyropiden-♀♀ legen Eier auf die Nährpflanze des Zikadentaxons, die Jungraupe versucht dann eine Zikade zu erreichen. Die Raupe durchbohrt mit ihren Mundwerkzeugen zeitweise Teile der Intersegmentalhaut zwischen den Abdominalsegmenten der Zikade und trinkt Haemolymphe. Vor der Verpuppung scheinen zumindest die südwestpaläarktischen Epipyropiden-Raupen die Zikade zu verlassen, um sich einen Verpuppungskokon zu spinnen. Anders als bei den 3 vorher behandelten Gruppen sind in diesem Fall die Auswirkungen dieser Epipyropiden-Raupen auf die befallenen Zikaden wenig auffällig.

Echte Parasiten, die sich für eine gewisse Zeit als stationäre Ektoparasiten an allen möglichen Stellen der Cuti-

cula festhalten, sind die auch in Mitteleuropa häufigen, durchweg leuchtendroten Larven der Samtmilben **(Trombidiiden)** (s. Abb. S. 33 o.). Sie verlassen die Zikade nach Beendigung dieses Altersabschnitts wieder. Angaben zu Schädigungen konnten wir nicht finden.
Gelegentlich befallen auch Fadenwürmer **(Nematoda)** aus der Gruppe der **Mermithiden** Zikaden. Sie füllen (zumindest in späteren Entwicklungsstadien) das Abdomen der Zikade aus und dehnen es aus. Die Zikaden sind dann offenbar nicht mehr fortpflanzungsfähig, sie sterben, kurz nachdem sich der Wurm ausgebohrt hat.
Ein völlig anderer Set von Parasitoiden lebt in Zikadeneiern. Es handelt sich durchweg um Taxa aus Schlupfwespen-Familien, insbesondere **Mymaridae** und **Trichogrammatidae**. Deren ♀♀ legen ihre Eier in Zikadeneier, in denen die komplette Entwicklung stattfindet: aus dem leergefressenen Zikadenei schlüpft eine adulte Schlupfwespe. Manche dieser Taxa wurden stellenweise erfolgreich zur »Biologischen Bekämpfung« kulturpflanzenschädigender Zikaden eingesetzt.
Über spezielle Abwehrtechniken von larvalen oder adulten Zikaden gegen Parasiten (z. B. Dryiniden- und Pipunculiden-♀♀, Erstlarven von Strepsipteren und Epipyropiden) ist anscheinend wenig bekannt (außer dem normalen Fluchtverhaltensrepertoire). Gegen im Körper befindliche Eier und Junglarven werden mechanische (Einkapselung) und immunologische Abwehrtechniken eingesetzt, die unter bestimmten Bedingungen auch Erfolg haben.
Insgesamt dürften die Parasitoide eine starke, wenn nicht die stärkste Bedrohung für das Überleben von Zikadenindividuen sein. – Nur ergänzend kann hier erwähnt werden, daß es auch eine Anzahl von Pilzen aus unterschiedlichsten Verwandtschaftsgruppen gibt, die sich in Zikaden entwickeln und sie töten.

r. o.: *Eupteryx cyclops* mit Milbe
r. u.: *Errastunus ocellaris* mit Dryiniden-Larve

Überleben als Art

Fortpflanzung. Diejenigen Gruppen von Individuen einer Fortpflanzungsgemeinschaft werden gegenüber anderen statistisch bessere Überlebenschancen haben, die z. B.

- eine hohe »Mitgliederzahl« haben
- einen hohen Allelbestand möglichst vieler Genloci aufweisen (durch derartige »Anlagenstreuung« bestehen selbst bei erheblichen Schwankungen der Umweltbedingungen gute Chancen, daß wenigstens einige Individuen jeweils überleben.)
- eine relativ hohe Mutationsrate haben
- eine intensive Rekombination ihrer Allele durchführen (also sich bisexuell fortpflanzen und auch einen intensiven Individuenaustausch zwischen den Populationen durchführen)
- eine hohe Nachkommenzahl bei schneller Generationen-Folge haben.

Sie wären damit fähig:

- sich an sich verändernde Umweltbedingungen anzupassen und damit zu überleben oder
- bisher von ihnen nicht nutzbare Lebensräume zu »erobern« und ihr Siedlungsgebiet damit zu erweitern.

Fast nichts davon geht ohne **Fortpflanzung**. Am schnellsten und einfachsten geht dies ohne Männer (und den damit verbundenen Zeit- und Energieaufwand für Partnersuche, Balz und Paarung), d. h. als **Parthenogenese**. Weitgehend auf der Strecke bleibt dabei die Möglichkeit, genetische Vielfalt durch Rekombination zu erzielen. Auf längere Sicht ist bisexuelle Fortpflanzung trotz des höheren Zeit- und Energieaufwandes der bessere Weg: Die weitaus überwiegende Zahl der Zikadentaxa pflanzt sich ausschließlich bisexuell fort. Parthenogenese ist nur von wenigen Zikaden bekannt. Bei den bisexuellen Taxa beginnt die Fortpflanzung mit der Partnersuche und Partner-

findung. Bei ersterer sind meistens die ♂♂ der aktivere Teil. Bei allen bisher untersuchten Gruppen (Ausnahme: Singzikaden) sind paarungsbereite ♀♀ relativ stationär und senden »Suchrufe« aus, die ♂♂ laufen jedoch meist bereits vor Empfang eines solchen ♀-Suchrufs selbst suchend und »rufend« umher. Bei den meisten Singzikaden sind die ♂♂ dagegen relativ stationär, paarungsbereite ♀♀ (die bei höher evoluierten Cicadoidea »stumm« sind) suchen diese singenden ♂♂ auf.
Bei den Nicht-Singzikaden kann sich zum Zueinanderfinden ein regelrechter »Wechselgesang« entwickeln (als Substratvibration übertragen und perzipiert, von uns nur mit technischen Hilfmitteln hörbar zu machen). Die Sendefrequenzen der Vibrationskommunikation sind relativ niedrig (hauptsächlich zwischen 200 und 1000 Hz im Gegensatz zu den hohen, bis in den Ultraschallbereich reichenden Schallfrequenzen der Singzikaden).
Als Erzeuger der Laut- bzw. Vibrationssignale (die infolge ihrer Artspezifität meistens die Paarungen zwischen ♂♂ und ♀♀ selbst sehr ähnlicher und zweifellos nahe verwandter Arten durch »Nichtverstehen« verhindern) dient zum einen das Trommelorgan, das im Metathorax und den vorderen Abdominalsegmenten liegt. Bei ihm werden durch Muskeln Bereiche des Exoskeletts eingebeult und schnellen wieder zurück. Zum zweiten besitzen einige Singzikaden-Taxa zusätzliche Stridulationsorgane, bei denen 2 Teile, die aneinander gerieben werden (Prinzip »Zahnradsirene«), Schall erzeugen. Besonders die Vibrationssignale können bei manchen Taxa hochdifferenziert und vielgestaltig sein. Offenbar kommen zu den Funktionen Partnerfindung, Partnererkennung und »Schrecklaut bei Feindberührung« bei manchen Taxa noch Rivalitätslaute oder spezielle Paarungslaute hinzu.
Die **Paarung** wird vom ♂ durch Verankerung seiner Genitalarmatur an derjenigen des ♀ begonnen; dabei sitzt das ♂ durchweg schräg neben dem ♀. Bei den Cicadoidea und den Cercopoidea wird diese V-Stellung meist während der gesamten Kopulation beibehalten, wobei sich das ♂ dann bei manchen Taxa seitlich am ♀ festhält (s. Abb. S. 36 o.).

Bei den Cicadelloidea/Membracoidea wird die Paarungsstellung nach der Verkoppelung antagonistisch: das ♂ vergrößert den Winkel zwischen seiner und der Körperlängsachse des ♀ auf ca. 180°. ♂ und ♀ sitzen mit voneinander abgewendeten Köpfen (s. Abb. S. 36 u.) auf dem Substrat. Bei den Fulgoromorpha verringert im Prinzip das ♂ den Winkel zum ♀: Mit um 180° nach unten und kopfwärts gebogenem Abdomen reitet das ♂ auf dem ♀ oder es liegt – in der Mehrzahl der Fälle nach, aber auch ohne vorangegangene »Weibchenbesteigung« – mit gestrecktem Hinterleib und angezogenen Beinen hinter dem ♀ auf dem Rücken. Dementsprechend unterschiedlich ist die Verkoppelungsweise der ♂- mit der ♀-Genitalarmatur bei den diversen Zikadengruppen.
Die Spermaübertragung erfolgt durch Einführen des »Aedeagus« in ektodermale Auffangtaschen der ♀♀. Die ♀-Genitalöffnung liegt durchweg an der Basis des Ovipositors. Bei der Mehrzahl der Taxa ist die Kopulationsöffnung der ♀♀ auch zugleich die Öffnung, aus der die Eier in den Ovipositor (Legebohrer) austreten. Bei den Singzikaden und einigen Taxa der Fulgoromorpha ist dagegen eine »eigene«, spezielle Kopulationsöffnung kopfwärts der Ovipositorbasis entwickelt worden.
Da die Spermien erst während des Ablagevorgangs vom ♀ aus den Reservoiren zum Ei gelassen werden, gibt es bei Zikaden keine lebendgebärenden Taxa. Die ♀♀ sind daher gezwungen, ihre Eier so zu deponieren, daß diese die zur Entwicklung des Embryos bis zum Schlüpfen notwendige Zeitdauer möglichst gut geschützt überstehen. Sie haben dabei einigen »Erfindungsgeist« bewiesen: Die meisten Taxa der Cicadomorpha besitzen einen Ovipositor und benutzen ihn, um die Eier in weichere oder härtere, lebende oder abgestorbene Pflanzenteile zu versenken. Doch gibt es besonders bei den Membracoidea Arten, die ihre Eier nur oberflächlich einritzen oder frei auf die Unterlage deponieren. In diesem Fall wird die

l. o.: *Cercopis vulnerata* (Paarung)
l. u.: *Fagocyba douglasi*-Gruppe (Paarung)

erhöhte Gefährdung der Eier oft durch »Brutfürsorgeverhalten« der ♀♀ vermindert: Die Eigelege werden nicht nur in schützende Sekrete verpackt, sondern von der Mutter ± lange bewacht.
Bei den Fulgoromorpha dagegen ist der Ovipositor meist nur in stark veränderter Form und Funktion vorhanden, bei einigen völlig reduziert. Nur bei den Delphacidae und einigen Cixiidae ist er erhalten und wird zum Versenken der Eier im Substrat verwendet. Entsprechend vielgestaltig ist die Vorsorge zum Schutz der Eier: Schon bei den Delphacidae (die die Eier in pflanzliches Substrat ablegen) gibt es Gruppen (*Stenocranus* z. B.), die die Ablagefläche mit selbsterzeugten Wachsausscheidungen überpudern. Die am höchsten evoluierten Taxa der Delphacidae besitzen Oviduktdrüsen, die ein lackartig erstarrendes Sekret erzeugen, das über die Einstichstellen der Eier verteilt wird. Andere Gruppen hüllen z. B. einzelne Eier in Wachsfäden, ummanteln das Ei mit zusammengescharrten Bodenpartikeln, umgeben das Gelege mit schaumartigen Umhüllungen oder ummauern es mit vorher in eine Hinterleibstasche aufgenommener, dort durchfeuchteter Erde. Aber auch einfaches Ankleben (Tettigometridae) oder Fallenlassen ungeschützter Eier (z. B. manche Issiden) wird praktiziert.
Die Entwicklung des Embryos scheint bei Zikaden relativ »insektennormal« zu verlaufen. Sie ist bei vielen Taxa mit Unterbrechungen verbunden, die der Überdauerung ungünstiger Klimaperioden dienen. Bei manchen Taxa läuft die Embryonalentwicklung trotz klimatisch noch günstiger Entwicklungsbedingungen nur bis zu einem bestimmten Stadium und hält dann an: Es existieren »entwicklungsphysiologische Blockaden«, die erst durch »ungünstige« Klimabedingungen (z. B. Frost) beseitigt werden können. Die Beendigung der Entwicklung ist dann nach wieder günstig gewordenen Verhältnissen möglich (»Eidiapause«).

r.: Larvenhaut (Exuvie) von *Cicadetta montana* mit Grab-Vorderbeinen

Das Schlüpfen der Junglarven aus den Eiern vollzieht sich offenbar ohne deutliche »Besonderheiten«: Die Eischale reißt entweder mit einem Längsspalt auf oder das Kopfende der Schale wird durch einen kreisförmigen Riß vom Rest des Eies getrennt. Auf der Embryonalhülle (Serosa) finden sich bei manchen Taxa Vorrichtungen zum Zerreißen, oder *(Philaenus)* deckelartige zum Absprengen der Eischale, auf dem Körper der Larve solche zum Aufreißen der Embryonalhülle bei der ersten Häutung, die unmittelbar auf das Schlüpfen folgt.
Die Entwicklung der Larven zum adulten Tier verläuft im wesentlichen direkt: Larven und adulte Tiere besitzen prinzipiell dieselbe Körperstruktur; mit zunehmendem Alter bilden und vergrößern sich die Anlagen für die Adultorgane (Flügel und Genitalarmatur mit Ovipositor). Insgesamt ändern sich natürlich nicht nur die Größe, sondern auch – ± ausgeprägt – die Körperproportionen und einzelne Körperteile. Aber bereits bei vielen dieser Larven finden sich spezielle Anpassungen: andere Färbungen und Farbmuster, Abplattungen des Körpers und Verbreiterung mancher Körperteile, aber auch Wachsfäden, Zackenkämme, lange Borsten, stachelige Fortsätze u. a. m. (s. Abb. *Stictocephala*). Viele davon sind als neuentwickelte Verberg- oder Schutztrachten deutbar. Noch stärker wird das Ausmaß neuevoluierter (caenogenetischer) Larvenmerkmale naturgemäß bei denjenigen Taxa, die einen neuen Lebensraum erobert haben: bei den zu unterirdischer Lebensweise übergegangenen Larven der Cicadoidea (Grabvorderbeine!), relativ gering dagegen bei den ebenfalls unterirdisch lebenden Larven mehrerer Fulgoromorpha-Familien (Cixiidae, Meenoplidae u. a. m.). Erhebliche caenogenetische Sonderbildungen zeigen auch die Larven der Cercopoidea: Mit Ausnahme der zum Leben im Boden übergegangenen Larven der Cercopinae haben sie gegenüber den Adulten den Lebensraum nicht eigentlich gewechselt, sondern sich lediglich

l.: *Neophilaenus* bei der Häutung. Zur besseren Darstellung wurden Teile des Schaumes entfernt.

im alten Lebensraum eine neue Umgebung geschaffen: entweder nur ein selbsterzeugtes Schaumbad (Aphrophorinae, unterirdisch die Cercopinae) oder sogar eine flüssigkeitsgefüllte Wohnröhre aus Kalkausscheidungen (tropische Machaerotidae). Um Schaum zu erzeugen und darin zu leben und zu atmen, war die Umbildung zahlreicher Strukturen notwendig, vor allem die des Abdomens zum Luftholen und Luftfesthalten. Eine dieser Cercopidenlarven lebt sogar in den wassergefüllten Blattachseln von *Heliconia* in Costa Rica (Fish, 1977). Insgesamt jedoch weisen die Larven der Zikaden eine wesentlich geringere ökologische und morphologische »Spannbreite« auf als z. B. diejenigen der Wanzen oder auch der Pflanzenläuse: Zu der z. B. bei Schild- und Mottenschildläusen evoluierten Unterschiedlichkeit aufeinanderfolgender Larvenstadien (bewegliche/unbewegliche, nahrungsaufnehmende/nicht nahrungsaufnehmende usw.) findet sich keine Parallele.

Bei den Zikaden scheint es durchweg 5 Larvenstadien zu geben. Die Dauer der Larvalentwicklung kann sehr unterschiedlich sein – nicht nur zwischen verschiedenen Taxa (von 7–8 Tagen bis zu 17 Jahren), sondern oft auch innerhalb einunddesselben Taxons: So ziemlich alle abiotischen und biotischen Faktoren können hier Einfluß ausüben. Bei vielen Taxa sind die Larven fakultativ oder obligat dasjenige Stadium, mit dem diese Taxa ungünstige Jahreszeiten überdauern. Dementsprechend finden sich alle Anpassungsformen von einfacher, temperatur- oder tageslichtdauerabhängiger Quieszenz bis hin zu weit früher induzierten Diapausen.

Bei unseren mitteleuropäischen Arten gibt es nur wenige, deren Larvalentwicklung so lange dauert, daß insgesamt eine zweijährige Generationenfolge resultiert. Bei *Ledra* dürfte sie ca. 21–22 Monate dauern, bei *Centrotus* nicht viel weniger (Müller, 1984), bei *Ulopa* ca. 13–15 Monate. Bei wohl fast allen anderen Taxa außer den Cicadidae (nur für wenige liegen genaue Daten vor) sind die Larvalzeiten deutlich bis erheblich kürzer, auch bei denen, die als Larven überwintern. Die Entwicklungsdauer der einzelnen

Larvenstadien in der Ontogenese eines Taxons ist ebenfalls verschieden: Je größer die Larve und je höher das Larvenstadium, um so länger dauert es bis zur Häutung zum nächstälteren Stadium. Eingeschaltete Quieszenzen oder Diapausen können diese Verhältnisse natürlich ändern. Gemessen an der Gesamtdauer des larvalen Lebens ist die Lebensspanne der erwachsenen Zikaden bei manchen Taxa relativ gering, zudem sind die Unterschiede in der Adult-Lebensdauer zwischen den einzelnen Taxa deutlich geringer als die in der Dauer ihrer Larvalentwicklung. Während bei Taxa mit kurzer Larvalentwicklungzeit die Adultlebensdauer deutlich länger als die Entwicklungszeit sein kann, ist sie bei denen mit langer Larvalentwicklungszeit, verglichen mit dieser, deutlich kürzer (besonders bei den Singzikaden). Normalerweise dürfte die Adultlebenszeit auch bei überwinternden Adulten unter einem Jahr, bei vielen deutlich darunter liegen, wenn auch offenbar sehr kurzlebige Taxa bei Zikaden nicht vorkommen: Wie erwähnt, nehmen alle adulten Zikaden Nahrung auf, gerade bei den kleinwüchsigen Cicadelloidea werden wegen der – relativ gesehen – sehr großen Eier immer nur wenige gleichzeitig ablagereif –, diese geringe Eiablagerate muß durch Langlebigkeit ausgeglichen werden.

Ausbreitung. Das Überleben einer Art wird auch durch Ortsveränderungen gesichert und durch die Fähigkeit, sich an sich verändernde oder andersartige Umweltbedingungen anzupassen. Habitate und Biotope wandeln sich langsamer oder schneller. Je schneller die Veränderung und je spezialisierter (stenöker) das Taxon ist, umso notwendiger wird die Fähigkeit zur Ortsveränderung. Zudem erhöht es die Überlebenschance einer Art in einem Gebiet, wenn sie an möglichst vielen der geeigneten Habitate Populationen besitzt: »vorbeugende« Ausbreitung ist dazu notwendig. Meistens fliegen Zikaden, wenn sie einen Ortswechsel »beabsichtigen« oder neue Habitate aufsuchen.

Bei Zikaden gibt es offenbar keine gerichteten Ausbreitungs- oder Wanderflüge über größere Distanzen: Die großwüchsigen, kräftigen Taxa unternehmen, soweit bekannt, keine solchen Wanderflüge – die kleinwüchsigen, »schwachen«, von denen einige aus verschiedensten Gründen zu speziellen Wander- und Ausbreitungsflügen starten, sind großräumig fast nur zum »Driften mit der Windströmung« fähig. In vielen Fällen führt das nur zu einer vorübergehenden Besiedlung eines Gebietes. Derartige Vorgänge finden sich auch in unseren Breiten: Manche Zikadentaxa besiedeln im Frühjahr Biotope oder Gebiete (z. B. höhere Gebirgslagen), in denen ihre Nachkommen den folgenden Winter nicht überstehen. In einigen Fällen sind die Windverhältnisse allerdings so günstig, daß am Ende der »günstigen« Zeitperiode eine Rückwanderung der Nachkommen in die Ursprungsgebiete erfolgen kann: Es hat eine vorübergehende, für die Arterhaltung aber sinnvolle Kolonisation stattgefunden. Als Auslöser für derartiges »Ausschwärmen« wurde in vielen Fällen Nahrungsmangel festgestellt. Wie bereits erwähnt, können Überbevölkerung und Verschlechterung der Nahrungsqualität sogar die Entstehung flugfähiger Individuen anstelle von flugunfähigen induzieren (s. S. 22).

Jeden Herbst dagegen ist das Umherfliegen der Individuen laubholzbesiedelnder Taxa zu beobachten. Arten, die den Winter als Adulte überstehen können, landen auf immergrünen Gewächsen oder in Winterverstecken. Für die anderen Arten ist es das Ende ihres Lebens. Ähnliche »Ausbreitungsflüge« finden in ariden Gebieten statt, wenn die Niedervegetation vertrocknet. Offenbar noch nicht eindeutig nachgewiesen, aber wahrscheinlich ist es, daß bei vielen Arten ein Teil der Individuen auch dann kleinräumige Ausbreitungsflüge unternimmt, wenn die Situation im Ursprungshabitat noch gut ist – dadurch würde die erwähnte Kolonisation möglichst vieler der in einem Gebiet vorhandenen geeigneten Habitate begünstigt.

Die passive Verbreitung in Form von Eiern ist bei Zikaden bisher wenig untersucht – sie könnte allerdings bei Arten, die ihre Eier an oder in wind- oder wassertransportierten Pflanzenteilen ablegen, unter entsprechenden Bedingungen (»Steppenhexen«, Driftmaterial in Flußsystemen) eine Rolle spielen. Passive »Verschleppung« durch menschliche Transporte von Kultur- oder Zierpflanzen hat zwar zur weiten Verbreitung auch einiger Zikadenarten geführt, aber nicht in allen Fällen erfolgte anschließend eine Besiedlung von indigenen Habitaten des neuen Gebiets – z. B. amerikanischer Pflanzenarten durch europäische Zikadenarten –, oft blieb die Art im neuen Gebiet auf der »alten«, dort importierten Pflanzenart.

Anpassung des Lebenszyklus. Für das Überleben einer Art ist es darüber hinaus relevant, sich mit ihren eigenen Lebensaktivitäten an die in dem Gebiet herrschenden zyklischen Veränderungen anzupassen, z. B. ungünstigen Bedingungen durch vorübergehendes Ausweichen zu entgehen, oder »empfindlichere« Jungtiere nur dann hervorzubringen, wenn sie dank günstiger Bedingungen gute Überlebens-Chancen haben. Bei Arten mit kurzlebigen Individuen (fast alle Zikaden gehören dazu) ist vielfach zu beobachten, daß die »ungünstigen« Jahreszeiten nur in einem der möglichen Entwicklungsstadien (Ei, Larvenstadien, Adulte) erfolgreich überdauert werden können. Um Verluste möglichst zu vermeiden, sollte ein Zikadentaxon daher seinen jährlichen Lebensrhythmus so gestalten, daß möglichst viele seiner Individuen bei Eintreten des ungünstigen Zeitabschnitts gerade in dem »überlebensfähigen« Altersabschnitt sind.
Eine Anzahl der auch in Mitteleuropa lebenden Zikadenarten (offenbar vor allem solche, deren Hauptverbreitungsgebiet weiter südlich liegt) scheint diese Fähigkeit der Synchronisation ihrer Entwicklung nicht zu besitzen: Insbesondere bei einigen laubholzbesiedelnden Zwergzikadenarten sind zur Zeit des herbstlichen Laubfalls noch zahlreiche Adulte und Larven vorhanden – eine Chance, den Winter zu überleben, haben aber nur diejenigen Individuen, die gerade als Eier in einem Pflanzenteil liegen. Bei anderen nur als Ei überwinternden Taxa wird zum

Herbst noch eine (unvollständige?) Generation erzeugt, von der viele Individuen entweder vor Einsetzen der Fröste das Adultstadium nicht erreichen oder so »geschädigte« Adulte ergeben, daß diese fortpflanzungsunfähig sind. Viele Arten dagegen haben die relativ verlustfreie Einpassung ihrer Entwicklungszyklen in den Jahresablauf bewerkstelligt. Bei den meisten mitteleuropäischen Zikadenarten, deren Lebenszyklus ein Jahr nicht übersteigt, ist jeweils nur ein Altersstadium dasjenige, das den Winter überdauert (weiter südlich – so sie dort vorkommt – kann dieselbe Art oft in mehreren Alterstadien überdauern). Man spricht deshalb entsprechend dem Stadium von Imaginal-, Larval- und Eiüberwinterern in denjenigen Ländern Europas, in denen der Winter die kritische Phase ist. Auch bei einigen Taxa mit mehr als einjährigem Entwicklungszyklus ist nur ein Altersstadium das »überdauernde«: bei Singzikaden der gemäßigten Breiten offenbar grundsätzlich das Larvenstadium, bei *Centrotus* und *Ledra* dito; nur *Ulopa* überwintert einmal als Larve und nochmals als Adultus.

Offenbar nur wenige Taxa sind fähig, in 2 Altersstadien in Mitteleuropa zu überwintern: Das bekannteste Beispiel ist *Euscelis incisus*, die sowohl als »mittelalte« Larve als auch als Ei überwintert. Bei *Eupelix cuspidata* finden sich Larven und ♀♀, bei manchen Taxa – offenbar fakultativ – neben Eiern noch einzelne ♀♀ (*Idiocerus lituratus, Ribautiana ulmi* u. a.). Noch relativ wenig untersucht ist offenbar die »Übersommerung«: Sie dürfte nur in wenigen Fällen als Larve, in einigen mehr als Adultus und in der überwiegenden Zahl der Fälle als Ei erfolgen, da die Eier vieler Taxa offenbar ein (einmaliges?) Austrocknen überleben können.

Für die möglichst verlustfreie Einpassung in sich zyklisch (jahreszeitlich) ändernde Bedingungen muß eine Art den Ablauf der Ereignisse quasi »voraussehen« können, genauer gesagt, sie muß ihre Wachstums- und Fortpflanzungstätigkeit durch Signale steuern lassen, die mit diesen zyklischen Veränderungen möglichst zuverlässig gekoppelt sind. Diese Steuerung kann ein langsames und bisweilen aussetzendes »Anhalten« der Weiterentwicklung bewirken (sei es der Embryonalentwicklung der Eier, des Wachsens der Larven oder der Reifung der Gonaden bzw. der Eiablagetätigkeit der Adulten. Derartige, relativ direkte Reaktionen (z. B. auf Temperatur oder Tageslänge im Verhältnis zur Dauer der Nacht in Mitteleuropa) werden als Quieszenz bezeichnet (der Überbegriff für derartige Überdauerungen ist »Dormanz«). Oft wird aber die Weiterentwicklung gestoppt, obwohl die Bedingungen dafür noch sehr günstig zu sein scheinen: Die Delphacide *Stenocranus minutus* z. B. beginnt im Frühjahr in milden Jahren bereits im Februar mit Paarung und Eiablage. Die Larvalentwicklung ist dann im Sommer abgeschlossen. Statt in »herrlichem Sommerwetter« eine sofortige Fortpflanzung zu beginnen, bilden die Tiere Fettkörper und bleiben sexuell inaktiv. Hier ist durch Umweltsignale (in diesem Fall »Langtag« während der Larvalentwicklung) eine vorausschauende »Programmierung« der Individuen erfolgt, die erst durch andere Signale wieder gelöscht werden muß, ehe die Entwicklung weitergehen kann: Derartige Dormanzverhältnisse werden – etwas vereinfacht ausgedrückt – als Diapausen bezeichnet.

Trotz der Einschränkung, zu einer bestimmten Jahreszeit nur in einem oder allenfalls 2 Altersstadien überlebensfähig zu sein, muß eine Art versuchen, möglichst viele Nachkommen zu produzieren. Unter anderem kann eine schnelle Generationenfolge dazu dienen. Eine erhebliche Zahl der Arten in Mitteleuropa bringt pro Jahr mehr als nur eine Generation hervor – das reicht von einer »fakultativen«, vielleicht nicht immer sehr erfolgreichen 2. Generation über generell 2 Generationen bis hin zu 3 pro Saison – bei einigen klein- und schnellwüchsigen Taxa (z. B. *Empoasca decipiens*) sind es sogar noch mehr. Dabei kann die selbe Art unter verschiedenen Bedingungen – klimatisch unterschiedliche Jahre, Höhenlage u. a. m. – auch eine verschiedene Generationenzahl haben: es müssen aber immer »volle« Generationen sein, falls nur ein Altersstadium überwintern kann (das kann für manche Arten zu unbesiedelbaren »Zwischengebieten« führen: in warmen Lagen 2, in kühlen – z. B. im Gebirge – nur eine: Die Zone, in der »anderthalb« Generationen zustandekommen würden, ist für die Art nicht auf Dauer besiedelbar). Auch für die Zahl der Generationen, die eine Art pro Jahr schafft, gibt es Bezeichnungen, sie reichen von univoltin (= monovoltin, also 1), bivoltin (2) über trivoltin (3) bis multivoltin (viele).

Evolutive Veränderungen. Möglichst vieles zu können, möglichst wenig durch Spezialisierung eingeengt zu sein, sollte eigentlich ein gutes Überlebensrezept für eine Art sein. Aus mehreren Gründen funktioniert das offenbar nicht immer: zum einen gibt es Habitate, zu deren erfolgreicher Besiedlung bestimmte Fähigkeiten erheblich vervollkommnet werden müssen – ein erster und oft nicht kleiner Schritt zur Spezialisierung, den viele Zikadentaxa z. B. durch regionale Erschließung vorher noch ungenutzter »ökologischer Lizenzen« getan haben. Gefährlicher fast noch sind Habitate, in denen man bereits Errungenes wieder aufgeben kann (und damit noch Energie spart): Wer als Zikade z. B. das Larvenhabitat »Bodenspalten« nicht mehr verläßt, dafür dann Augen, Flugorgane, schützendes Pigment und die Fähigkeit, sich vor Austrocknung zu schützen, aufgibt, hat mit hoher Wahrscheinlichkeit evolutionsbiologisch einen »way of no return« beschritten: die Rückkehr zu »normalen« Habitaten und Lebensweisen ist versperrt, die Art würde gegebenenfalls mit ihrem Habitat untergehen (s. *Cixius lavatubus*, Abb. S. 86).
Aber auch »Wettrüsten« kann zur Spezialisierung führen, besonders bei Tieren, die von lebender Substanz anderer Lebewesen leben: Diese Arten werden zu Selektionsfaktoren, die bei der »befressenen« Art diejenigen Exemplare begünstigen, die ihnen widerstehen – sei es durch mechanische oder chemische Abwehr. Irgendwann steht der »Fresser« dann vor der Wahl, diese Nahrung aufzugeben oder sich seinerseits an die inzwischen dort evoluierten Abwehrmechanismen anzupassen: Der Weg einer koevolutionären Spezialisierung ist begonnen, er kann zur völ-

ligen Abhängigkeit des »Fressers« von seiner speziellen Nahrung führen.

Nicht zuletzt kann auch das Entstehen eines »dichtgepackten« Artenbestandes Spezialisierung erzwingen: Wenn überall schon ein Konkurrent sitzt, muß »man« mindestens in einem begrenzten Bereich besser sein als alle anderen Taxa, sonst wird man durch die Konkurrenz verdrängt.

Diese Spezialisierungen müssen sich allerdings durch Beobachtung nicht sofort erschließen – jedenfalls gibt es mehrere Fälle, wo zahlreiche nächstverwandte Arten in derselben Gegend monophag nicht nur auf derselben Pflanzenart, sondern auch auf demselben Pflanzenexemplar leben (offenbar ohne daß eine die andere »hinauskonkurriert«). In Europa z. B. leben von den Arten der Gattung *Oncopsis* 6 monophag auf Birke. Gemeinsames Vorkommen von 3 bis 5 Arten auf demselben Baum ist eher die Regel als die Ausnahme. Dementsprechend gibt es neben einer Anzahl von relativ unspezialisierten Zikadenarten, die in vielen unterschiedlichen Lebensräumen und Habitaten leben (also eurytop sind) und sich an zahlreichen Pflanzenarten ernähren und entwickeln (also polyphag sind), zahlreiche Arten, die auf wenige Lebensräume bzw. Habitate (bisweilen nur eines) beschränkt sind und sich nur von einer oder wenigen Pflanzenarten ernähren: stenotope, mono- oder oligophage Arten. Viele dieser Arten sind wirklich auf eine oder einige der Eigenschaften ihrer Habitate, z. B. auf den Chemismus einer bestimmten Pflanzenart, spezialisiert – in vielen Fällen sind aber die unter natürlichen Bedingungen vorliegenden Korrelationen einer Art mit bestimmten Habitaten und Nährpflanzen offenbar nicht obligatorisch. Die Gründe für die unter Freilandbedingungen herrschende Stenotopie oder Monophagie bleiben rätselhaft.

Nicht vergessen werden sollte die Tatsache, daß viele Taxa in den Grenzgebieten ihres Vorkommens nur noch in ganz wenigen oder nur noch einem Habitat (z. B. einer Pflanzenart unter besonderen Standortbedingungen) gerade noch ausreichende Lebensbedingungen vorfinden. Diese

Taxa wirken regional auf dieses Habitat »spezialisiert«, sind es aber evolutiv nicht, sie sind aus anderen Gründen nur mit diesem Habitat eng korreliert.

Evolution der Zikaden und ihre Ergebnisse

Speziationsprozesse

Viele Arten ändern sich in der Generationenkette im Lauf der Zeit. Ausmaß und Geschwindigkeit dieser Veränderungen sind anscheinend sehr unterschiedlich. Sie können unter bestimmten Umständen (bei Vorliegen von Gründereffekt und Gendrift, unter starker, richtender Selektion) relativ schnell und umfassend sein, unter anderen Umständen aber zumindest phänotypisch den Eindruck fehlender Veränderung erwecken (bei Vorliegen relativ großer Populationen unter Verhältnissen stabilisierender Selektion). Wie in fast allen Tiergruppen gibt es aber auch bei Zikaden nicht nur die lineare Veränderung (Weiterentwicklung) in der Generationenfolge: Durch Unterbrechung des Genflusses zwischen Populationen einer Art hat vielfach eine Auseinanderentwicklung stattgefunden, die – entsprechende Bedingungen vorausgesetzt – nach kürzerer oder längerer Zeit zu einer irreversiblen genetischen Trennung und zu mehr oder weniger starker Verschiedenheit in unterschiedlichsten Merkmalen führt. Diese Trennung kann mehr oder weniger »zufällig« erfolgen: Durch bestimmte Vorkommnisse werden Populationen einer Art soweit voneinander getrennt (separiert), daß kein Individuenaustausch und damit kein Genfluß zwischen ihnen mehr existiert. Dadurch wird bisweilen der Weg frei für unterschiedliche Veränderungen in den separierten Populationen: sie können bis zur vermuteten oder

tatsächlichen »Aufspaltung« in zwei selbständige Fortpflanzungsgemeinschaften, d. h. Arten führen: allopatrische Speziation.
Auch bei Zikaden gibt es viele Arten, die aus der gemeinsamen Stammart heraus höchstwahrscheinlich auf diesem Wege entstanden sind. Des öfteren zeigt sich allerdings bei erneutem Zusammentreffen der separiert gewesenen Populationen, daß auch deutliche strukturelle Verschiedenheiten, die in der Separationsphase entstanden sind, noch keine genetische Isolation bewirken müssen: es entstehen mehr oder weniger ausgedehnte Bastardierungszonen (»hybrid belts«). Diese Trennung kann aber offenbar auch fast »beabsichtigt« wirkend stattfinden: Wenn sich die Populationen einer relativ eurytopen und polyphagen (Zikaden-) Art in einem noch relativ locker strukturierten Ökosystem auf unterschiedlichen Habitaten (z. B. Nährpflanzen) ansiedeln und dadurch (u. U. erst später) dort unter unterschiedliche Selektionsbedingungen geraten, muß jede derartige Population andere habitatspezifische Anpassungen und Spezialisierungen entwickeln. Das funktioniert natürlich nur, wenn der Genfluß zwischen den unterschiedlich habitatspezifischen Populationen eingeschränkt, möglichst sogar unterbunden wird. Da sie im gleichen Gebiet (z. B. einer Insel) vorkommen, also nicht separiert sind, geht das nur über die Entwicklung von Isolationsmechanismen, d. h. Paarungen müssen durch Entwicklung neuer Verhaltensweisen auf Angehörige der eigenen Population beschränkt werden. Als Ergebnis bilden sich aus der Stammart u. U. größere Schwärme unterschiedlich spezialisierter Tochterarten (»adaptive Radiation«). Auch dafür liefern die Zikaden hervorragende Beispiele.
Auch in Mitteleuropa gibt es mehrere Gruppen von nächstverwandten Zikadenarten, die die Arten einer Pflanzengruppe quasi »unter sich aufgeteilt« haben: vor allem die Weiden- und Pappel-Arten »beherbergen« solche Zikadenartenschwärme der Gattungen *Kybos, Macropsis* und *Idiocerus*. Daß diese (mittel)europäischen Artenschwärme allerdings durch »Speziation vor Ort« in der

oben geschilderten Weise entstanden sind, ist wenig wahrscheinlich: Die Eiszeiten in der Westpaläarktis haben zweifellos zu so differenzierten und wiederholten Aufteilungen (Disjunktionen) von Artarealen geführt, daß eine allopatrische Entstehung der Artenschwärme eher wahrscheinlich ist. Im Zuge der Arealwiedervereinigungen kann dann im Sinne einer Konkurrenzvermeidung die Spezialisierung auf die unterschiedlichen Nährpflanzen erfolgt sein.
Nicht immer ist vollzogene Speziation ohne weiteres erkennbar: Inwieweit Zikadenpopulationen aus unterschiedlichen Gebieten, unterschiedlichen Biotopen und von verschiedenen Nährpflanzentaxa trotz weitgehender »äußerlicher« Übereinstimmung noch Angehörige einer einzigen Art (Fortpflanzungsgemeinschaft) sind, oder ob bereits Barrieren in Form von Isolationsmechanismen zwischen diesen Populationen bestehen, ist für viele Taxa selbst im gutuntersuchten Mitteleuropa noch unbekannt.

Strukturen der Untergruppen im Vergleich

Zikaden scheinen eine historisch »alte« Gruppe zu sein. Zumindest die Fulgoromorpha könnten bereits im Perm existiert haben – allerdings sollten Zuordnungen von Fossilien, von denen fast nur Flügelreste vorliegen, nicht als gesichert betrachtet werden (s. HENNIG, 1969). Zikaden haben aber offensichtlich Zeit gehabt, eine Vielzahl von z. T. relativ verschieden gebauten Taxa zu evoluieren: Auf die Frage ihrer Monophylie und diejenige ihrer beiden Großgruppen wurde bereits eingegangen (s. S. 14 ff.). Welche evolutiven Differenzierungen haben innerhalb der Großgruppen der Zikaden stattgefunden, und welche zusätzlichen Verschiedenheiten gibt es zwischen diesen Großgruppen? Innerhalb der Fulgoromorpha sind nicht weniger als 20 »Familien« etabliert worden, wobei die Zahl infolge unterschiedlicher Wertung einzelner Gruppen je nach Bearbeiter schwankt. Die Artenzahl reicht von

nur einer (die südafrikanischen Hypochthonellidae) bis zu vermutlich über 2000. Gemeinsam ist ihnen hinsichtlich ihres Bauplans, außer den schon auf S. 14 genannten, vermutlich für die Verwandtschaftsbeurteilung relevanten Merkmalen, ein von dem der Cicadomorpha abweichender Kopfbau: Der Postclypeus ist sehr kurz (das »Gesicht« unterhalb des Scheitelrandes wird also weitgehend von der »Stirn« gebildet), die 3 Ocellen liegen weit voneinander entfernt: Die paarigen in Lateralansicht in Höhe der Facettenaugen-Unterkante entweder dicht vor der Augenvorderecke, oder mehr oder weniger weit unter das Auge verschoben, der unpaare an der Stirnbasis direkt oberhalb der Postclypeus-Grenze. Bei den Cicadomorpha reicht der Postclypeus deutlich weiter nach oben (ursprünglich wohl bis über die Vorderkante), bei einigen Taxa allerdings nur bis etwa zur Mitte des »Gesichts« – dann aber ist der Scheitel sehr kurz und die paarigen Ocellen liegen, von vorn gesehen, mitten im »Gesicht« auf der Verbindungslinie zwischen den Facettenaugen.
Bei den übrigen Cicadomorpha liegen die Ocellen entweder oben auf dem Scheitel oder auf dem Scheitelvorderrand mehr oder weniger nahe an den Facettenaugen. Bei beiden Gruppen sind ursprünglich alle 3 Ocellen erhalten. Bei den Fulgoromorpha besitzen aber nur noch die Meenoplidae (mit Ausnahme einiger Höhlenbesiedler) und einige Taxa der Cixiidae, bei den Cicadomorpha nur noch die Cicadoidea alle 3 Ocellen, bei allen anderen Taxa sind nur noch die paarigen Ocellen erhalten oder auch diese mehr oder weniger stark reduziert.
Die Form des Kopfes kann in beiden Gruppen sehr verschieden sein: mehrfach sind Teile des Kopfes vor den Augen mehr oder weniger stark vergrößert, oft zu Fortsätzen von weit mehr als der Länge des übrigen Körpers. Bisweilen sind diese Kopfteile auch mehr oder weniger bizarr geformt.
Die **Antennen** bestehen bei den Fulgoromorpha aus den beiden Grundgliedern (von denen das 2. die auf S. 18 erwähnten Rezeptorgruppen trägt) und der an ihrer Basis verdickten, geringelten, borstenförmigen Geißel. Die Ge-

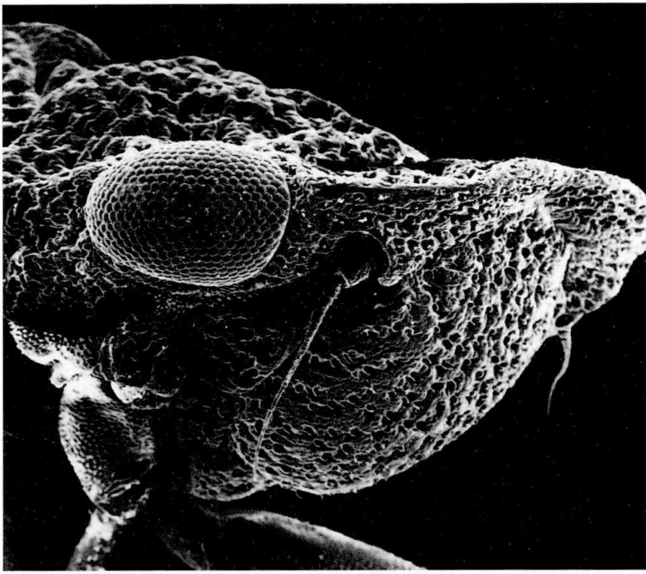

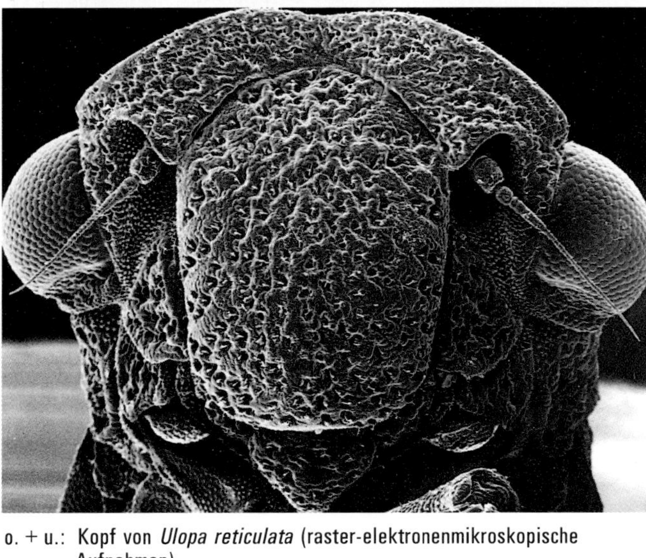

o. + u.: Kopf von *Ulopa reticulata* (raster-elektronenmikroskopische Aufnahmen)

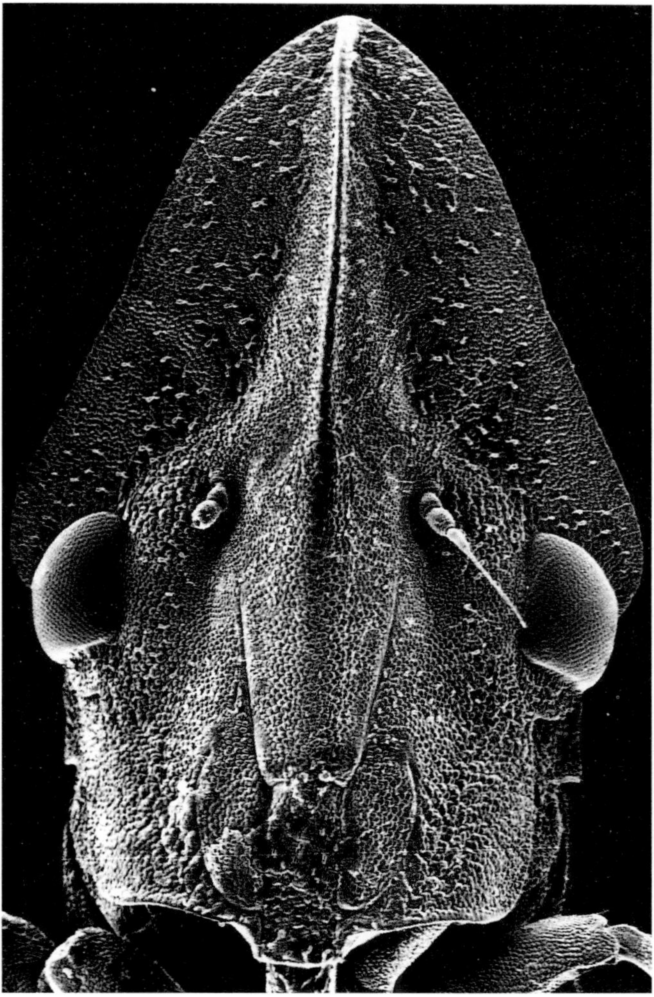

Kopf von *Eupelix cuspidata* (von der Unterseite aufgenommen)

stalt, besonders des 1. Glieds kann verschieden sein: meist klein, zylindrisch und unauffällig, kann es bei einigen Taxa lang, flach und kantig werden (s. Abb. *Asiraca*). Die Rezeptoren des 2. Gliedes sind bei den Tettigometriden einfache, mehr oder weniger kreisförmige glatte Membranen, bei allen anderen dagegen komplizierte Gebilde mit Falten und Fortsätzen. Bei den Cicadomorpha ist die Geißel, die distal an die beiden einfachen Grundglieder anschließt, entweder noch aus mehreren Gliedern zusammengesetzt (Cicadoidea und Larven der Cercopoidea), oder ebenfalls in eine Borste umgewandelt (adulte Cercopoidea, alle Cicadelloidea und Membracoidea).
Der **Saugrüssel** entspringt bei allen Taxa an der mehr oder weniger schräg nach hinten unten geneigten Spitze des Kopfes, sein Labium ist in einige Glieder (meist sind 2 bis 3 sichtbar) unterteilt. Seine Länge ist sehr unterschiedlich – durchweg relativ lang (bis an oder über die Hintercoxen) bei Fulgoromorpha, Cicadoidea, Cercopoidea, z. T. sehr kurz (noch vor den Vordercoxen endend) bei den meisten Membracoidea und Cicadelloidea.
Auch im Bau des 1. Thorakalsegments, besonders in dem des Rückenteils, dem **Pronotum**, sind die beiden Großgruppen verschieden: Bei den Fulgoromorpha ist das Pronotum relativ kurz, meist wie ein hinten offen gewinkeltes, gekieltes Querband (s. Abb. *Cixius spp., Ommatidiotus*); bei den Cicadomorpha ist es dagegen größer, es überdeckt bei den Cercopoidea und Cicadelloidea den größten Teil des Mesonotums und ist bei vielen Membracoidea sehr groß (bei manchen bedeckt es sogar schildförmig den gesamten Abdominalbereich) und ist bei vielen Taxa mit bizarren Auswüchsen versehen.
Dementsprechend liegen bei den Fulgoromorpha und den Cicadoidea meist große Teile des Mesonotums frei, bei den übrigen Cicadomorpha ist nur der mehr oder weniger dreieckige Distalteil, etwas vereinfachend Scutellum genannt, noch frei (oder ebenfalls überdeckt). Das Metanotum ist deutlich kleiner und oberseitig oft nur noch seitlich vom Scutellum sichtbar, dafür trägt es unterseitig die Hintercoxen, die bei den Fulgoromorpha relativ ein-

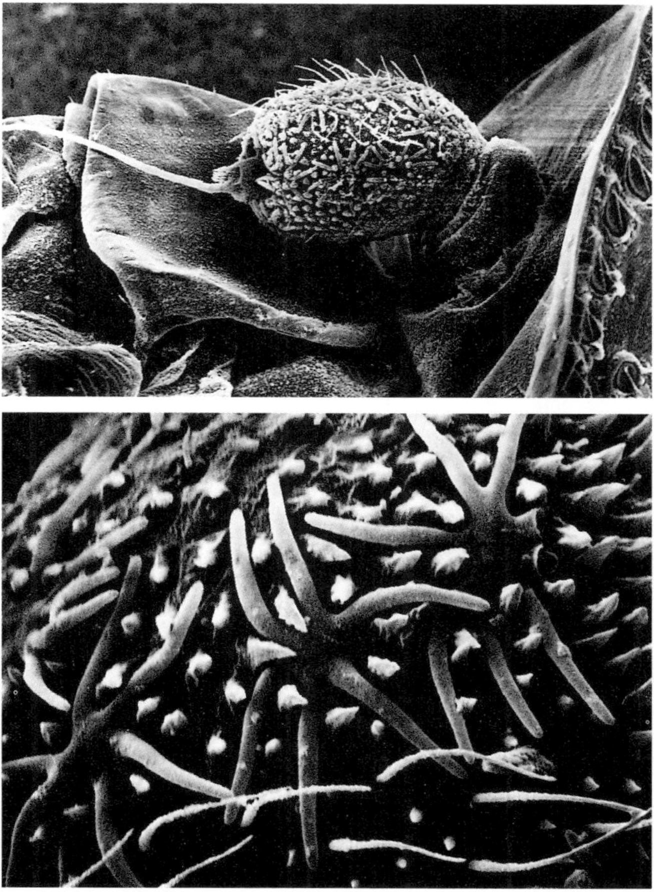

o.: Fühler (zweites Glied stark verdickt) von *Meenoplus spec.*;
u.: stark vergrößert, mit charakteristischen Sinnesorganen des zweiten Gliedes

heitlich und apomorph gebaut sind (s. S. 14). Bei den Cicadomorpha dagegen sind die Hintercoxen plesiomorph, aber unterschiedlich groß: bei den Cicadoidea klein und relativ kugelig, bei den Cercopoidea bereits vergrößert, bei den Membracoidea und Cicadelloidea apomorph plattenartig bis an den Körperseitenrand ausgedehnt. Die bei den Cicadomorpha, zumindest bei Cercopoidea und Membracoidea/Cicadelloidea sowie den Fulgoromorpha vorhandene Sprungfähigkeit führt nicht nur zu einem Umbau der Hinterhüften, sondern auch der Beine, wobei besonders die Hinterbeine als die Sprungbeine gegenüber den Vorder- und Mittelbeinen abgewandelt werden. Dabei entsteht sowohl bei den Fulgoromorpha als auch bei den sprungfähigen Cicadomorpha-Gruppen eine Vergrößerung und Verlängerung der Hinterbeine. Zusätzlich werden besonders in ihrem Distalteil mehrere den Absprung unterstützende Strukturen (Dornenkränze am Tibienende, Längs- und Querreihen auf der Unterseite der Hintertarsen u. ä.) evoluiert. Vornehmlich innerhalb der Cicadelloidea wird aus der mehr oder weniger ungeordneten, undifferenzierten Behaarung der Femora und Tibien aller Beinpaare ein differenziertes Muster größerer und kleinerer Makrochaeten, bei denen Reihungen (Borstenkämme an Femora und besonders den Kanten der Tibien) und neben starker Vergrößerung einiger Makrochaeten Reduktion und Verlust anderer stehen. Diese differenzierenden Veränderungen stehen vermutlich mindestens teilweise in Zusammenhang mit der neu erworbenen Aufgabe der Beine, die aus dem After ausgeschiedenen Brochosomen über den Körper (und die Flügel) zu verteilen (s. Abb. *Linnavuoriana*).

Die Tarsen sind bei den Adulten aller Gruppen 3gliedrig (die Larven haben geringere Gliederzahlen), das letzte Tarsenglied trägt 1 Paar Klauen und bei jeder Gruppe anders ausgeprägte Zusatzstrukturen (Empodium). Innerhalb der Fulgoromorpha ist bei einigen Taxa nicht nur die Größe, sondern auch die Bedornung des 2. Metatarsenglieds reduziert. – Sowohl Stärke der Chitinisierung der Vorderflügel als auch Anzahl und Anordnung der Adern sind nicht nur zwischen, sondern auch innerhalb der einzelnen Taxa der Großgruppen verschieden, wobei viele konvergente Entwicklungen stattgefunden haben.

Das **Abdomen** besteht aus den Segmenten 1–11, vom 1. Segment sind entsprechenden Veröffentlichungen zufolge (s. Strümpel, 1983) nur noch kleine Reste erhalten, die Segmente 8 und 9 sind im Zusammenhang mit Paarung und Fortpflanzung umgestaltet. Das 10. bildet das Analrohr, in dessen Ende einige Sklerite als Reste des 11. Segments gedeutet werden. In der Basis des Abdomens (Segmente 1 und 2) und in den Metathorax hineinreichend liegt das bei beiden Großgruppen prinzipiell gleich funktionierende Trommelorgan (s. S. 35), das relativ unterschiedliche Bauweise besitzen kann (z. B. Dominanz sehr unterschiedlicher Muskeln und Muskelgruppen). Bei allen Großgruppen scheinen ursprünglich beide Geschlechter dieses Trommelorgan zu besitzen und zu benutzen, wobei relativ geringe Unterschiede im Bau bei ♂ und ♀ als plesiomorph, große dagegen als apomorph zu werten sein dürften. Bei den Cicadoidea ist das Trommelorgan nur noch bei wenigen Taxa bei den ♀♀ erhalten. Bei den meisten ♀♀ ist es jedoch reduziert. Größe und Lage der Muskeln und ihrer Ansatzflächen im Inneren (Apodeme) können auch bei solchen Taxa verschieden sein, die sich anhand anderer Merkmale kaum unterscheiden lassen. Noch häufiger finden sich bei ansonsten »identischen« Arten Unterschiede bei den als Isolationsmechanismen wirkenden Vibrations- bzw. Schallsignalen, die mit dem Trommelorgan erzeugt werden. Diese Apodeme (und Muskeln) wachsen erst postmetabol, d. h. erst einige Zeit nach der Häutung zum Adulten, zu ihrer endgültigen Größe heran (s. z. B. Ribaut, 1952).

Am **Abdomenende** des ♂ sind das 9. und 10. Segment als **Kopulationsapparat,** bei den ♀♀ das 8. und 9. zur Paarungs- und zur Eiablagefunktion ausgebildet. Der zum Grundbauplan beider Zikadengruppen gehörende »orthopteroide« Ovipositor wird bei den Cicadomorpha wohl durchgehend beibehalten. Bei den Fulgoromorpha dagegen ist er komplett nur noch bei den Delphacidae erhalten, bei den Cixiidae nur noch bei einer Anzahl von Taxa, bei anderen verkürzt und rudimentär, ohne offenbar neue Funktionen übernommen zu haben. Das Gros der Fulgoromorpha-Gruppen variiert Funktion und Form dieses Ovipositors beachtlich.

Beim ♂ bildet das Segment 9 einen geschlossenen Ring (Genitalkapsel), an dessen Dorsalseite das 10. Segment ansetzt, das den After enthält und an der Verankerung am ♀ bei der Kopulation mitwirkt. An der Ventralseite entspringt 1 Paar »Styli« (Harpagonen), deren Basen bei den Fulgoromorpha im Segment durch eine Chitinbrücke miteinander verbunden sind.
In der Form der Einzelteile gibt es in beiden Großgruppen eine erhebliche Vielfalt. Zur Unterscheidung ähnlicher Arten und sogar Gattungen sind sie fast bei allen Gruppen ein gutes, oft sogar das einzige Strukturmerkmal. Diese im Zuge der Artaufspaltung sehr »bald« einsetzende Differenzierung erfüllt in den bisher kritisch untersuchten Fällen allerdings nicht die Funktion einer Bastardierungssperre (im Sinne des »Schlüssel-Schloß-Prinzips«), wirkt also nicht als Isolationsmechanismus. Die Gründe für die zu beobachtende schnelle Auseinanderentwicklung sind daher ungeklärt.

Verbreitung der Gruppen

Die Zikadengruppen sind nicht gleichmäßig verbreitet: Von den 20 »Familien« der Fulgoromorpha ist in Mitteleuropa nur eine mit zahlreichen (über 100) Arten vertreten: die Delphacidae. Die Cixiidae sind schon weniger artenreich (zwischen 30 und 40 Arten). Von den restlichen 18 Familien reichen nur 5 (Issidae, Dictyopharidae, Achilidae, Tropiduchidae, Tettigometridae) nach Mitteleuropa hinein. In Südeuropa gibt es je einige Taxa der Flatidae, Derbidae, Meenoplidae und Ricaniidae, die restlichen 9 Familien sind außereuropäisch.
Von den Cicadomorpha sind die Cicadoidea in Mitteleuropa nur mit wenigen Taxa vertreten. Die Cercopoidea haben in Mitteleuropa zwar mit unter 20 Arten nicht sehr viele Taxa, aber in Südeuropa kommen nicht allzuviele hinzu. Die Membracoidea sind nur mit 2 Taxa der Centrotinae (und neuerdings einer eingeschleppten Membra-

cinae) in Mitteleuropa vertreten, aber in Südeuropa kommt nur eine weitere Art hinzu.
Sehr artenreich dagegen und auch nicht nennenswert artenärmer im Vergleich mit Südeuropa sind die Cicadelloidea. Mitteleuropa (hier ist mit 750-800 Zikadenarten zu rechnen, während aus Europa insgesamt fast 1800 Arten angegeben werden) hat also nur in 2 Teilgruppen (Delphacidae, Cicadelloidea) einen relativ reichen Artenbestand, der gegenüber dem in Südeuropa nicht viel artenärmer ist. Damit existiert eine »Disharmonie« in Artenzahl und Artenbestand zu Südeuropa. Sie hat neben ökologischen offensichtlich auch historische Gründe: Für viele Taxa zwar ist Mitteleuropa nach der letzten Eiszeit noch nicht wieder besiedelungsgeeignet (fehlende Nährpflanzen, ungünstiges Klima), manche aber sind offenbar »nur noch nicht zurückgekehrt«. Dafür spricht die Einwanderung mancher Arten in den vergangenen Jahren (s. *Haematoloma dorsatum*, S. 148), und die Arealexpansion anderer.
Inwieweit vom Menschen bewirkte Klimaveränderungen mit diesen Arealexpansionen in Zusammenhang stehen, ist ungeklärt – eine beobachtende Kontrolle (»Monitoring«) der Veränderungen in der Verbreitung der Zikadenarten in Mitteleuropa wäre sinnvoll. Leider ist für viele Arten nicht einmal die derzeitige Verbreitung auch nur annähernd sicher bekannt.

Rolle der Zikaden in Ökosystemen und ihre Bedeutung für den Naturschutz

Diese Kenntnis der Verbreitung ist auch deshalb sinnvoll, weil Zikaden in oft erheblicher Arten- und Individuenzahl in allen pflanzenbestandenen terrestrischen Ökosystemen (Mittel)Europas vorhanden sind und darin zweifellos eine beachtliche Rolle als Konsumenten, aber auch als Nahrung für andere Tiergruppen spielen. Zudem schädigen einige auf Kulturpflanzen übergehende Taxa durch Übertragung von Pflanzenkrankheits-Erregern über die entzogenen Nährstoffe hinaus ihre Nährpflanzen.

Die wichtige Rolle der Zikaden in terrestrischen Ökosystemen läßt die Frage entstehen, welche Möglichkeiten zum Schutz ihrer Artenvielfalt bestehen und welche Rolle diese Insektengruppe bei Untersuchungen im Rahmen des Naturschutzes spielen kann. Durch menschliche Verfolgung (Fang zum Zweck des Handels) ist praktisch keine der mitteleuropäischen Arten bedroht – allenfalls die beiden Singzikadenarten könnten für »unvernünftige« Sammler interessant sein, zumal sie in Mitteleuropa nur relativ lokalisierte, meist nicht sehr individuenreiche Populationen besitzen. Dementsprechend stehen sie unter Artenschutz. Alle weiteren Zikadenarten in Mitteleuropa sind »nur« durch Zerstörung ihrer Biotope bzw. Verschwinden ihrer Nährpflanzen bedroht (zwar besitzt keine dieser Zikadenarten ein so kleines Areal, daß sie als existentiell bedroht anzusehen wäre – doch liegen Arealgrenzen vieler Arten in Mitteleuropa: Diese Arten sind daher regional nur noch in bestimmten Habitaten anzutreffen, also »selten«. Wenn man die Artenvielfalt in unserem Gebiet erhalten will, sollte man auch diese Arten zumindest regional durch Erhalt ihrer Standorte zu schützen versuchen).

Da es im Naturschutz häufig darum geht abzuwägen, welches von mehreren ähnlichen Gebieten geschützt werden soll, kann (und soll) als Entscheidungskriterium nicht nur die Anwesenheit »seltener«, »bedrohter« Arten verwendet werden, sondern auch der Grad der Vollständigkeit des Artenbestandes (das Verhältis zwischen der Zahl der aufgrund der Bedingungen zu erwartenden und den tatsächlich vorhandenen Arten, s. Remane & Reimer, 1989). Hier bieten Zikaden dank ihres Artenreichtums ausreichende Aussagemöglichkeiten, die auch statistisch abgesichert werden können, um so mehr, als viele Arten regional mit bestimmten Nährpflanzen korreliert auftreten und daher ihr Nachweis relativ einfach ist.

Spezieller Teil: Zikadentaxa Europas

Bestimmungsschlüssel

Aus den in der Einleitung zu diesem Buch erwähnten Gründen kann hier keine bis auf die niedrigen Kategorien (Unterfamilien, Gattungen oder gar Arten) führende Tabelle geboten werden. Auch so sind noch möglichst ein gutes Binokular (ca. 50fach vergrößernd) und bisweilen auch ein gewisser Präparationsaufwand nötig. Dafür haben wir versucht, durch Heranziehen möglichst vieler Merkmale die Bestimmung der Großgruppen so sicher wie möglich zu machen.

Zu beachten ist: Die zur Trennung der Taxa verwendeten Merkmalsverschiedenheiten treffen u. U. so nur auf die Taxa des hier behandelten Gebiets zu. Manche Taxa aus anderen Gebieten der Welt könnten – selbst wenn sie Mitglieder einer auch in Europa vorhandenen Gruppe sind – infolge andersartiger Merkmalsausprägungen nach diesen Tabellen nicht sicher bestimmbar sein.

Wo möglich, haben wir »auffällige« Merkmale verwendet – aber nicht in jedem Fall führen diese sicher zum Erfolg. Wo nötig, haben wir daher auch weniger auffällige, dafür aber »sichere« Merkmale hinzugefügt (in eckigen Klammern). Der folgende Bestimmungsteil ist mehrstufig aufgebaut:

Tabelle I ist für den Fall gedacht, daß ein Benutzer sich nicht sicher ist, ob das ihm vorliegende Tier wirklich eine Zikade ist. Mit Tabelle II und den folgenden wird begonnen werden, wenn das vorliegende Tier bereits sicher als Zikade oder sogar als Angehöriger einer ihrer Teilgruppen erkannt ist.

Tabelle I: Ist es überhaupt eine Zikade?

1. Mundwerkzeuge stechend-saugend, meist als deutlich erkennbarer, oft untergliederter Stechrüssel unterschiedlicher Länge ausgebildet (Z 1). Maxillar- und Labialtaster völlig rückgebildet, auch keine Reste davon sichtbar. [Die beiden Mandibeln und die beiden Laciniae der Maxille sind zu Stechborsten umgewandelt und bilden, miteinander verfalzt, alle 4 gleich lang und in Ruhelage vom Labium umhüllt, den Stechapparat. Sowohl der Nahrungs- als auch der Speichelkanal liegen innen zwischen den beiden Laciniae]: .... **Rhynchota, Schnabelkerfe**[1] **2**

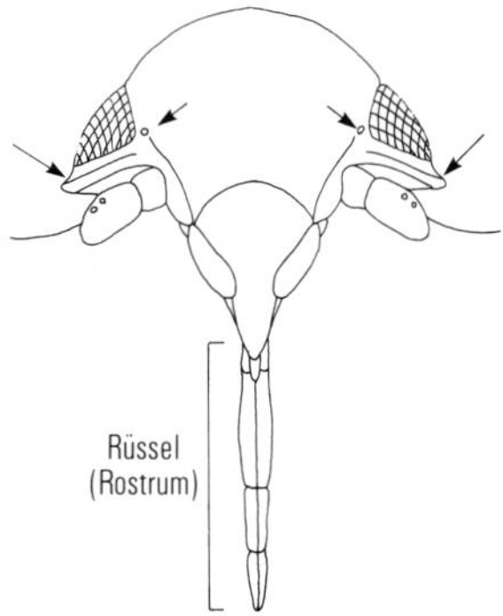

Z 1

– Mundwerkzeuge anders gebaut (kauend-beißend, leckend-saugend, fehlend) oder, falls als Stechrüssel geformt, wenigstens ein Paar Taster erhalten und erkennbar .... **andere Ordnungen der Insecta**

2. Rüssel setzt am Vorderende des Kopfes an (der Kopf ist meist nach vorne, oft nach unten, nur selten schräg nach hinten unten gerichtet: Im letzteren Fall handelt es sich um Wasserbesiedler, deren Hinterbeine zu Ruderbeinen umgebildet sind). Rüssel meist mit basalem Gelenk (Ausnahmen vorhanden, z. B. Pentatomidae s. lat.), das für die Ruhelage ein Zurückklappen unter die Brust aus weit nach unten oder vorn gerichteter »Aktivitätsstellung« ermöglicht. – Flügel bzw. Flügelrudimente der Adulten (so vorhanden) in Ruhelage flach über dem Abdomen zusammengelegt (Ausnahme: dachförmig bei 2 wasserbesiedelnden Familien, dann Hinterbeine Ruderbeine). Vorderflügel

1 Anm.: Bei einigen Teilgruppen der Rhynchota (aber nicht bei Zikaden!) ist der Rüssel entweder so kurz und breit, daß er wie ein Kopfabschnitt wirkt (Heteroptera: Corixidae), oder er ist z. T. nur vorübergehend, d. h. in einem bestimmten Entwicklungsstadium überhaupt nicht ausgebildet (Jugendstadien oder Männchen mancher Sternorrhyncha).

in einen stark chitinisierten vorderen und einen dünnhäutigen Endteil (Membran) unterteilt (Ausnahme: z. B. Taxa dreier wasseroberflächenbesiedelnder Familien: Gerridae, Veliidae, Hydrometridae). Bei einigen Taxa der Pentatomoidea Flügel völlig vom Scutellum überdeckt und sekundär ausgedehnt dünnhäutig. Bei flugunfähigen Taxa und Morphen bei starker Reduktion der Vorderflügel oft Membran nicht mehr erkennbar). – Antennen 4–5gliedrig, lang, oft länger als der Körper (bei im Wasser lebenden Familien kurz, unter dem Auge liegend und erst bei genauer Untersuchung zu finden). – Meist »Stinkdrüsen« vorhanden: Mündungen bei den Larven in der Mitte der 2–3 mittleren Hinterleibstergite, bei den Adulten seitlich am Metathorax (nicht immer auffällig). – [Unter- bzw. Hinterseite des Kopfes (»Kehle«) zwischen Rüsselbasis und Prothorax fest chitinisiert (geschlossener harter Chitinring um »Hinterhauptsloch«!) – auch bei den wenigen Taxa mit nicht nach vorn oder unten, sondern nach unten hinten gerichtetem Kopf (Corixidae, Notonectidae, Pleidae)] . . . . **Heteroptera, Wanzen**

– Rüssel setzt scheinbar am hinteren unteren Ende des stets schräg nach unten hinten geneigten Kopfes an (Z 2, 1) (bei manchen Taxa erst caudal der Vordercoxen sichtbar!), meist ohne basales Gelenk (Ausnahme: Blattläuse). – Flügel bzw. Flügelrudiment der Adulten (so vorhanden, bei Zikaden jedoch immer) in Ruhelage steil dachförmig über bzw. neben dem Abdomen zusammengelegt (Z 10, 11) (Ausnahmen: a) manche Schild- und Blattläuse, b) Zikadenfamilien Achilidae (Z 3), Tettigometridae und Orgeriinae der Dictyopharidae: Flügel sehr flach dachförmig, aber hier Antennen kurz, nur aus 2 Grundgliedern und langer geringelter Borste bestehend). Vorderflügel dünnhäutig oder stärker, z. T. deckflügelartig chitinisiert, aber nie in einen stark chitinisierten

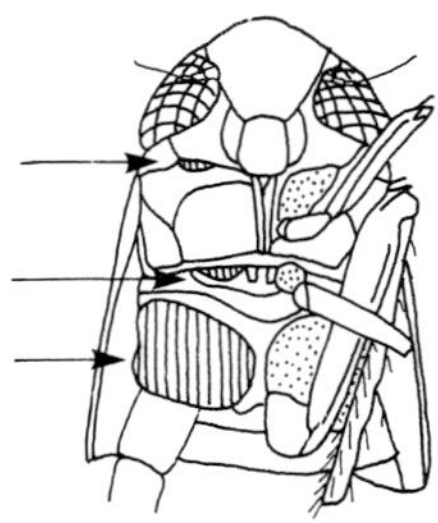

Z 2

Basisteil und einen dünnhäutigen Endabschnitt (Membran) unterteilt. Antennen lang oder kurz, fast immer entweder aus mehr als 5 oder aus 2 Gliedern mit Endborste bestehend (Z 7, 5, 6). Keine »Stinkdrüsen« vorhanden (dafür bei vielen Taxa auffällige Wachsausscheidungen). – [Unter- bzw. Hinterseite des stets schräg nach unten hinten gerichteten Kopfes zwischen Rüsselbasis und Prothorax dünnhäutig] . . . . **Homoptera** . . . **3**

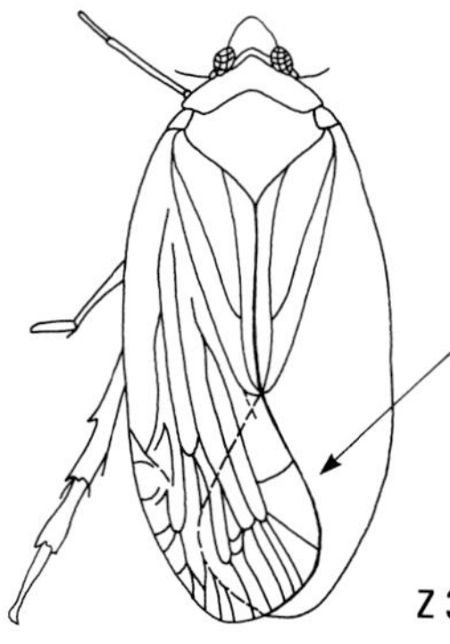

Z 3

3. Tarsen 3gliedrig (am Ende des 3. Tarsengliedes 1 Klauenpaar) (Z 4) . . . . **Auchenorrhyncha, Zikaden**
   (Adulte und ältere Larven einiger Gruppen). Vorderflügel stets vorhanden, obwohl bisweilen nur als kurze Rudimente (s. Tab. II).

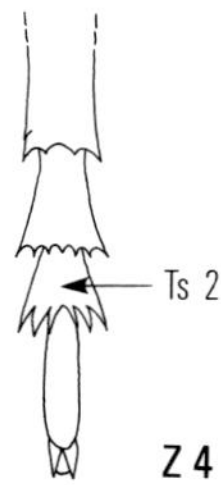

Z 4

– Tarsen nur 1 bis 2gliedrig . . . . **Sternorrhyncha und Jugendstadien der Auchenorrhyncha** **4**
   Flügel vorhanden oder fehlend bzw. – bei älteren Jugendstadien geflügelter Taxa bzw. Morphen – als Flügelanlagen sichtbar.

4. Antennen aus 2 dicken Grundgliedern (Scapus, Pedicellus) und dünnerer, langer, deutlich geringelter Endborste (Geißel) zusammengesetzt (Z 5, 6) . . **Juvenile Auchenorrhyncha (Fulgoromorpha und Cicadomorpha Membracoidea und Cicadelloidea)** (s. Tab. III)

Z 5

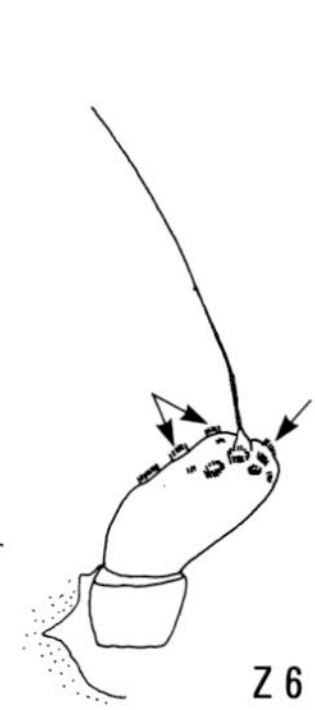

Z 6

Antennen neben den beiden (oft etwas dickeren) Grundgliedern mit deutlich aus Gliedern zusammengesetzter Geißel (Z 7) . . . **5**

Z 7

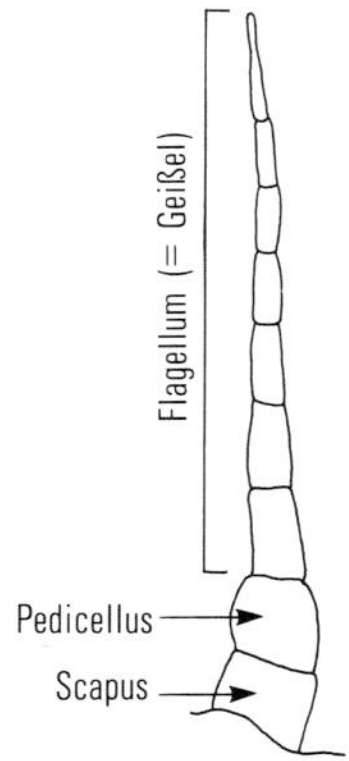

5. Vorderbeine als kurze, kräftige Grabbeine (Z 27) ausgebildet: Schenkel mit auffällig gezähnter Unterkante, Tibien kurz, kräftig, spitz, Tarsen inserieren vor dem Ende der Tibia . . . . **Jugendstadien (Larven) der Auchenorrhyncha Cicadoidea, Singzikaden** (s. auch Tab. III)

– Vorderbeine (wenn überhaupt vorhanden) ähneln den Mittelbeinen, nicht als starke Grabbeine ausgebildet **6**

6. Hinterleib (im Querschnitt) mit über halbkreisförmig hoch gewölbter Rückenseite und konkaver Bauchseite. Vorderkopf vor Augen und Antennen stark, fast blasig vorgewölbt (Z 8, 9), rundlich (leben teils oberirdisch an Pflanzenteilen, teils unterirdisch an Wurzeln in selbsterzeugter Schaumhülle: »Kuckucksspeichel«) . . . . **Larven der Auchenorrhyncha Cercopoidea, Schaumzikaden** (s. auch Tab. III)

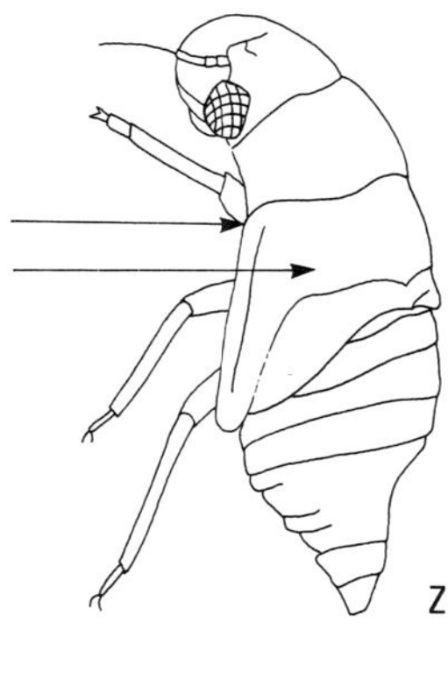

Z 8

– Hinterleib nicht derartig spezialisiert gebaut (im Querschnitt flach, depress, oder rund), kein blasig vorgewölbter Vorderkopf. . . . . **Larven und Adulte diverser Untergruppen der Sternorrhyncha**

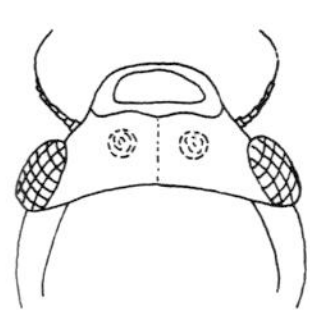

Z 9

Tabelle II: Großgruppen und Familien der Zikaden (Auchenorrhyncha) in Europa

1. Bereits adultes Exemplar: Vorderflügel voll ausgebildet (Z 10, 15) oder, wenn nicht zum Flug geeignet (rudimentär) (Z 11), dann trotzdem mit dem Mesothorax nur durch ein Gelenk an der Basis verbunden. [Teile der ♂-Genitalarmatur wie Styli, oft auch Subgenitalplatten beweglich mit dem Segment verbunden, desgleichen die Teile des Legeapparats der ♀-Gonapophysen VIII und IX des Ovipositors oder deren Abwandlungsformen] **2**

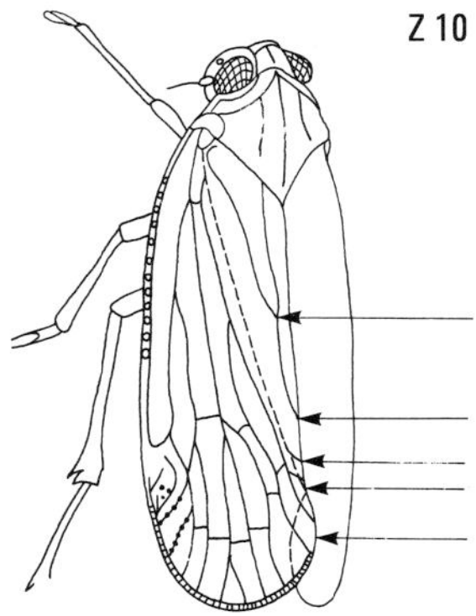
Z 10

– Noch nicht adultes Exemplar: entweder noch keinerlei Anlagen von Flügeln am Meso- und Metathorax erkennbar, oder kurze, starre Flügelscheiden: Sie sind auf voller Breite ihrer Basis mit dem entsprechenden Thoraxsegment starr verbunden (Z 8). [Teile der ♂-Genitalarmatur und des ♀-Ovipositors, falls bereits sichtbar, ebenfalls nur taschenartige, unbewegliche Fortsätze] . **s. Tab. III**

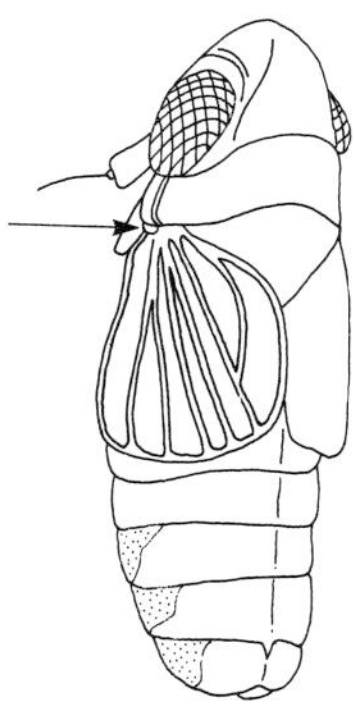
Z 11

2. Hüften des mittleren (mesothorakalen) Beinpaares ähnlich wie die des vorderen seitlich, damit weit von der Ventralseiten-Mittellinie entfernt am Thorax befestigt, von da zur Mitte gerichtet (Z 12). Hinterhüften »aufgelöst« in Chitinspangen und dünnhäutige Zonen (Z 13), unbeweglich (starr) mit

dem Metathorax verbunden. [2. Fühlerglied (Pedicellus) mit runden »Sinnesplatten« (Sensilla placodea) (Z 6) unterschiedlicher Bauweise.] – Die beiden in der Clavusfläche des Vorderflügels liegenden Analadern 1 und 2 vereinigen sich distal vor Erreichen des Flügelhinterrandes bzw. der Clavusspitze zu einer »y-Ader« (Z 10, 3) (bei flugunfähigen Individuen, z. B. mit verkürzten oder stark chitinisierten Vorderflügeln und reduzierten Adern u. U. nicht sicher erkennbar!). Basisgelenk der Vorderflügel wird von einer davor entspringenden, beweglichen Chitinschuppe (»Tegula«) weit überdeckt (Z 10, 3) (kann bei flugunfähigen Formen rückgebildet sein!) . . **Fulgoromorpha** . . . **3**

Z 12

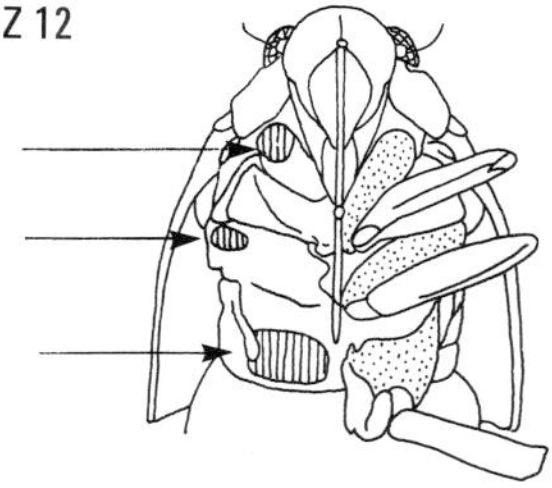

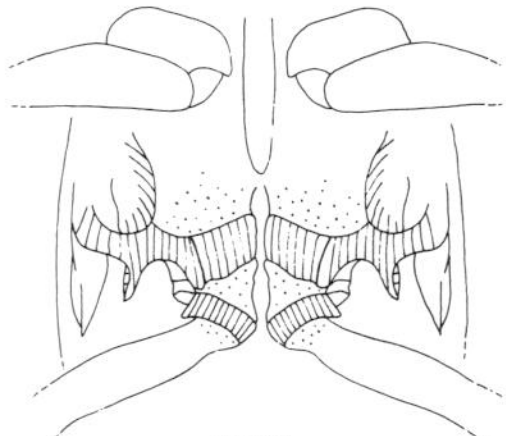

Z 13

– Hüften des mittleren Beinpaares nahe der Körpermitte am Thorax befestigt (Z 2). Hinterhüften kugelig bis quer plattenförmig geschlossen chitinisiert, nicht starr mit dem Metathorax verbunden (Z 14). [2. Fühlerglied ohne Sinnesplatten.] Analadern 1 und 2 auf dem Clavus des Vorderflügels münden getrennt in den Flügelhinterrand (Z 15), können aber durch eine oder mehrere Queradern miteinander verbunden sein (bei »vorderflügelreduzierten« Individuen und manchen Taxa (z. B. Singzikaden!) u. U. nicht sicher erkennbar!). Basisgelenk der Vorderflügel stets ohne Tegula (Z 15) . . . . **Cicadomorpha** . . . **14**

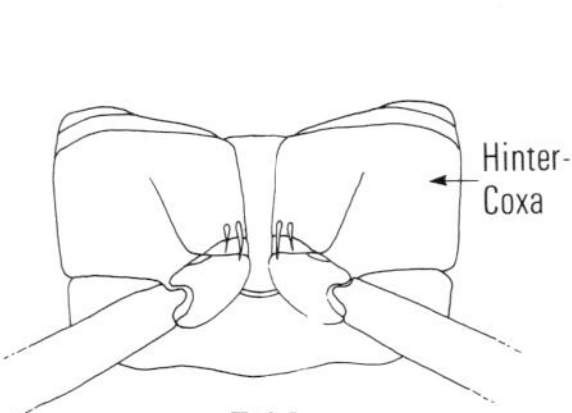

Z 14

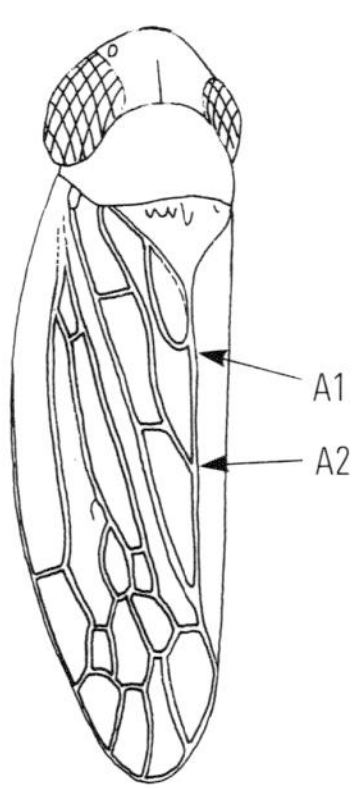

Z 15

3. Einer (der innere) der Dornen der Dornengruppe am Ende der Hintertibien gegenüber den anderen stark vergrößert und beweglich (Z 16) . . . **Delphacidae Leach**

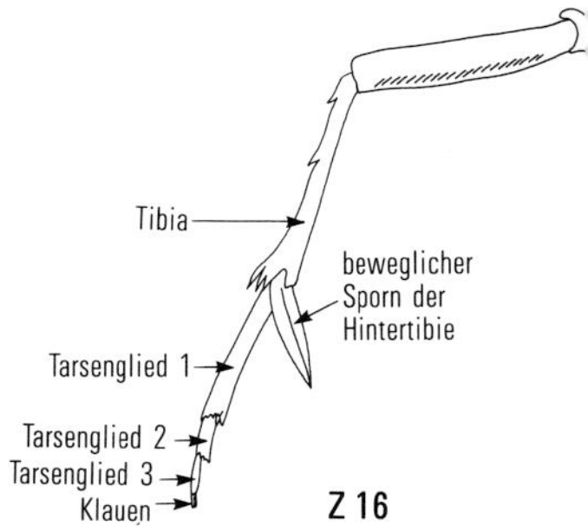

Z 16

(Unterseite des 2. Gliedes der Hintertarsen am Ende abgestutzt bis konkav, mit unregelmäßiger Querreihe kleiner Dornen).

– Alle Dornen der Dornengruppe am Ende der Hintertibien ungefähr gleich groß und starr mit der Tibie verbunden (Z 4, 17) . . . **4**

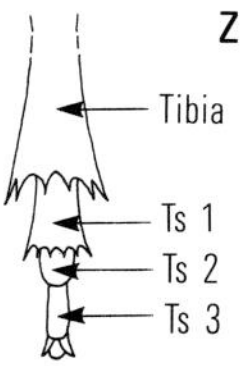

Z 17

4. Zweites (mittleres) Glied der Hintertarsen ohne Dörnchen (Unterseite nur beborstet), sehr klein im Verhältnis zu Glied 1 (Z 17) (Vorderflügel sehr groß, dreieckig, mit quer streifenartiger braunweißer Musterung) . . . . **Ricaniidae**

(Nur von einer Art dieser vorwiegend in den Tropen der Alten Welt verbreiteten Familie reicht das Areal in den äußersten Südosten Europas hinein: *Ricania hedenborgi* Stal, eine weitere, *R. japonica* Mel., in Südrußland eingeschleppt).

– Zweites (mittleres) Glied der Hintertarsen mindestens mit je einem Dörnchen seitlich vor seinem Ende (Z 18, 4) **5**

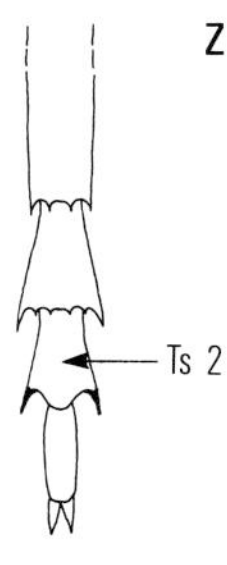

Z 18

5. Zweites Glied der Hintertarsen am Ende nur jederseits mit einem Dorn, der untere Hinterrand zwischen diesen Seitendornen konvex (Z 18) **6**

– Zweites Glied der Hintertarsen mit abgestutztem, oft deutlich konkavem unteren Hinterrand, der mit einer regelmäßig angeordneten Reihe von Dörnchen (die an ihrem Ende noch einen helleren Fortsatz tragen können) besetzt ist (Z 4) **9**

6. Die kleinen (aber immer vorhandenen), dicht vor der unteren inneren Ecke des Facettenauges liegenden Ocellen von der Gesichtsfläche nicht durch einen Kiel getrennt (Z 1). - Facettenaugen relativ flach und klein, erreichen nicht den Seitenrand des Kopfes (der auch von oben gesehen deutlich als breiter Streifen neben dem Auge sichtbar ist) (Z 1). – Körperform depress, von oben gesehen oval bis langoval, Unterseite flach. (Vorderflügel stark chitinisiert, bei einigen Taxa verkürzt und nur die vordere Abdomenhälfte bedeckend – meist deutlich skulpturiert) – ♂-Genitalarmatur: 1 Paar (die Styli von ventral bedeckende) laschenartige Subgenitalplatten ausgebildet. ♀-Genitalarmatur: Gonapophysen VIII und IX völlig rückgebildet, nicht mehr als bewegbare Fortsätze erkennbar. [Sensilla placodea des 2. Antennengliedes einfache ovale, membranöse Flächen, ohne Sonderstrukturen wie randständige Zapfen, Auffaltungen o. ä] . . . . **Tettigometridae**

– Ocellen von der Gesichtsfläche durch einen Kiel getrennt oder rudimentär (Z 19). Facettenaugen groß, gewölbt, von oben gesehen den Seitenrand des Kopfes überdeckend. – Körperform rund oder sogar kompress, Unterseite nicht flach. – ♂-Genitalarmatur: Styli frei, keine Subgenitalplatten vorhanden. – ♀-Genitalarmatur: G VIII und GL IX groß, bewegbar, deutlich erkennbar. [Sensilla placodea des 2. Antennengliedes kompliziert gebaut: randständige Zapfen, gewellter Zentralteil u. ä] **7**

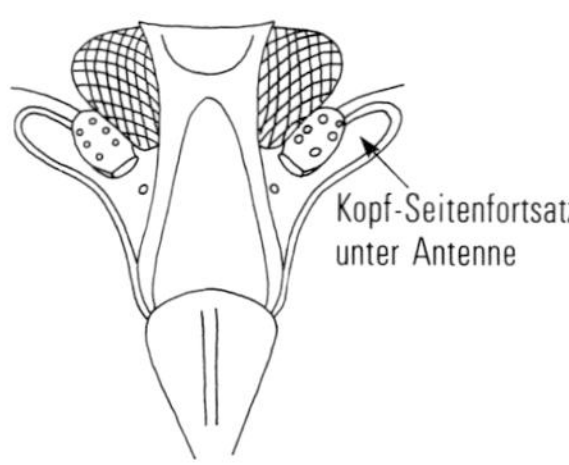

Z 19

7. Der mittlere, hintere Teil des Mesonotums (»Scutellum«) von dem kopfwärts davor liegenden durch eine Querfurche getrennt (Z 20) (bei *Ommatissus* erst bei genauer Untersuchung erkennbar!) . . . . **Tropiduchidae**

Z 20

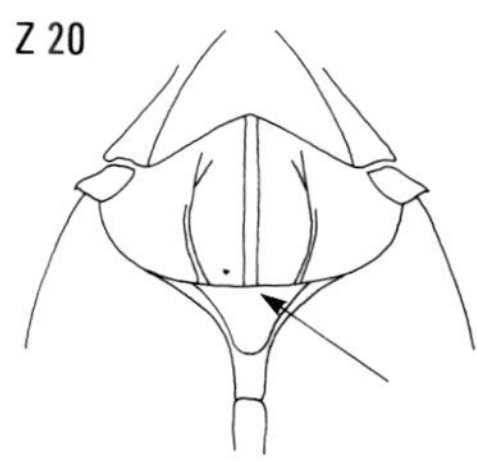

In Europa von der in den Tropen artenreichen Familie nur 2 Gattungen: 1. Vorderflügel zumindest in der Mitte mosaikartig schwarzweiß gemustert: *Trypetimorpha* A. C. (2 einander ähnliche Arten, beide an hochwüchsigen Gräsern). - 2. Vorderflügel strohfarben, undeutlich dunkler, längsschattiert: *Ommatissus* FB. (O. *binotatus* FIEB. in Südeuropa und Nordafrika an Zwergpalme, in Nordwestafrika und Vorderasien 2 weitere sehr ähnliche Arten an Zwerg- und Dattelpalmen).

– Mesonotum ohne distale Querfurche (Z 10, 3) **8**

8. Vorderflügel, insbesondere der Clavus, mit Borstengruben besetzt (die bei lebendfrischen Tieren mit flockigen Wachsfäden gefüllt sind) (Z 21) .... **Flatidae**

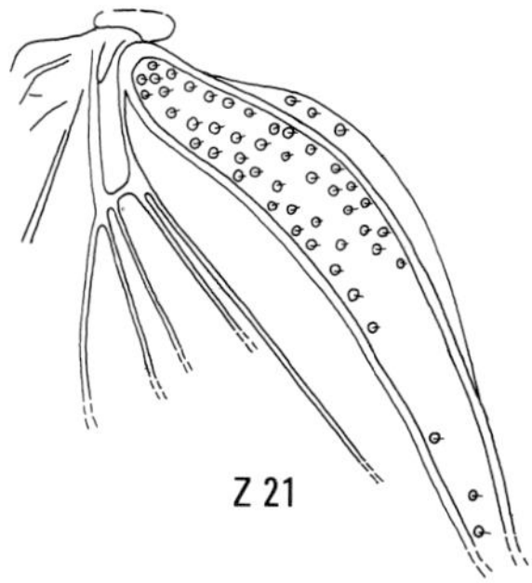

Z 21

Nur 2 Gattungen der artenreichen tropischen Gruppe reichen nach Südeuropa hinein: 1. Hinterflügel fehlend oder als dünner Streifen mit 1-2 Längsadern ausgebildet. Vorderflügel mit Höckern: *Cyphopterum* MEL., 2 Arten in Südwesteuropa (s. Abb. S. 129 o.). – 2. Hinterflügel voll entwickelt, vieladrig. Vorderflügel ohne auffällige Höcker: *Phantia* FIEB. (1 Art, *Ph. subquadrata* (H. S.), in Südosteuropa). Neuerdings (in Norditalien und Südfrankreich) eine nordamerikanische Art eingeschleppt und in Ausbreitung begriffen: *Metcalfa pruinosa*, Körper und Vorderflügel dunkel, mit hellem Wachsüberzug. Hinterflügel voll ausgebildet.

– Keine Borstengruben auf den Vorderflügeln .... **Issidae**

9. Clavusbasis um mindestens eine der Analadern (bei einem Taxon auch die mittlere »Corium«-Längsader) dicht mit kleinen, borstentragenden Höckern (Pusteln, »Granula«) besetzt (Z 22) . ... **Meenoplidae**

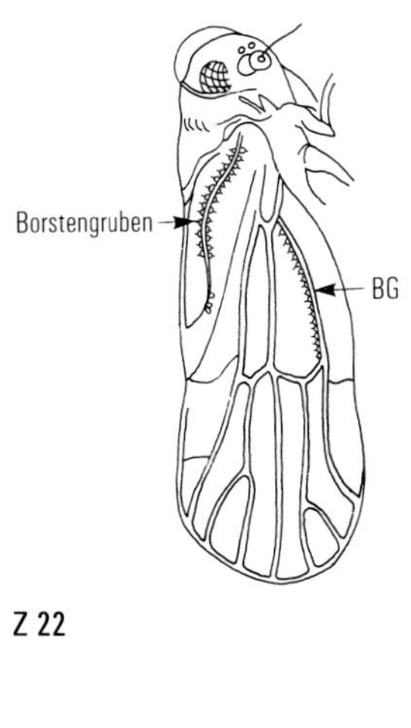

Z 22

Nur 2 Gattungen dieser altweltlich tropisch verbreiteten, artenarmen Familie reichen mit je einer Art nach Südeuropa hinein: 1. Flügel und Körper dunkel, durch Wachsbereifung bläulichschwarz erscheinend. Granulae um beide Clavusadern: *Meenoplus* FIEB. (*M. albosignatus* FB.: Südosteuropa). 2. Flügel weißlich mit dunklen Adern, Körper hell. Granula auf dem Clavus nur entlang A1, dafür auch entlang der mittleren »Corium-Ader«: *Nisia* MEL. (*N. atrovenosa* [LETH.]: Griechenland).

– Vorderflügel ohne Granula oder wenn doch, dann locker gestreut auf allen Längsadern (Z 10) **10**

10. Kopfseite mit seitlich gerichtetem, oben konkavem Fortsatz unter den Antennen, die darin wie in einer flachen Schüssel liegen (Z 19) (Flügel in Ruhelage steil dachförmig, im Costalbereich fast senkrecht). – ♂-Genitalarmatur: kein ringförmiges Genitalsegment: Oberteil mit Analrohrbasis von Unterteil durch häutige Zone getrennt . . . . **Derbidae**

Nur eine Gattung dieser artenreichen Familie in Südeuropa: *Malenia* HPT. (mit derzeit 4 einander sehr ähnlichen Arten).

– Kopfseite ohne derartige Fortsätze **11**

11. Vorderflügel stark verkürzt (Tiere flugunfähig: Hinterflügel fehlen), hinten gemeinsam quer abgestutzt, stark chitinisiert, die ursprüngliche Aderung kaum noch erkennbar . . . . **Dictyopharidae: Orgeriinae**

– Vorderflügel voll ausgebildet (nur bei einigen Höhlenbesiedlern stark rückgebildet), die ursprüngliche Aderung immer deutlich **12**

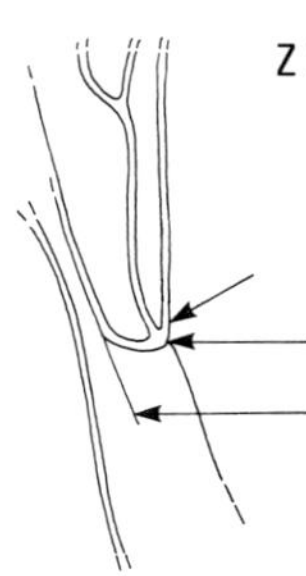

Z 23

12. Auf dem Vorderflügel das Hinterende des Clavus »offen«, d. h. die Clavusnaht erlischt deutlich vor Erreichen des Flügelhinterrandes, in den die die Naht begleitende Ader rechtwinklig mündet (Z 23 ,3). »Stiel« der y-Ader mündet in die Clavusspitze: – Flügel in Ruhelage sehr flach dachförmig, ihre Enden überlappen sich weit (ungefähr bis zur Hälfte oder mehr des anderen Flügels). –

[♂-Genitalarmatur: Basis des geraden Aedeagus weit kopfwärts in das Abdomen hinein verlagert] . . . . **Achilidae**

In Europa nur wenige Taxa dieser besonders in den Tropen artenreicheren Familie: *Cixidia* FIEB. mit 7 Arten (alle länger als 5 mm), eine davon (*C. marginicollis* SPIN.) auch in Südwestdeutschland. *Akotropis* MATS.: eine Art (unter 4 mm) in Griechenland.

– Hinterende des Clavus »geschlossen«, d. h. die Clavusnaht erreicht (fast) den Flügelhinterrand, in den die die Clavusnaht begleitende Ader spitzwinklig mündet (Z 10). »Stiel« der y-Ader mündet vor (kopfwärts) der Clavusspitze in den Flügelhinterrand. Flügel in Ruhelage dachförmig, ihre Enden überlappen sich kaum. [♂-Genitalarmatur: Aedeagus-Basis liegt im Genitalsegment] **13**

13. Kopf stark oder sehr stark nach vorn verlängert, die Augen nach vorn um ihre Länge und mehr überragend (Z 24). Kopfspitze (von oben gesehen) bei nur starker Verlängerung spitzwinklig (bei stärkerer auch gerundet). Großwüchsig (9 bis über 15 mm lang), meist grün (manchmal rosa) gefärbt **Dictyopharidae: Dictyopharinae**

Z 24

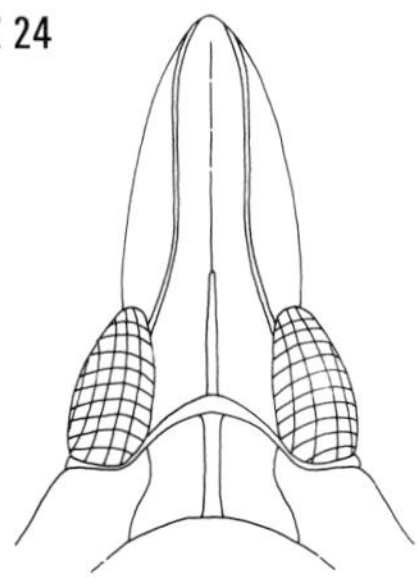

– Kopf nicht oder nur wenig nach vorn verlängert, die Augen nur um deutlich weniger als ihre Länge überragend (Z 10). Kopfspitze gerundet bis stumpfwinkelig, niemals spitzwinkelig. Kleinwüchsigere Taxa (3–9 mm), unterschiedlich braun bis dunkel gefärbt und gemustert (wenn Unterseite und Beine grün, dann unter 5 mm lang) . . . . **Cixiidae**

14. Vorderschenkel deutlich (ca. 1,5 mal) dicker als Mittel- und Hinterschenkel, an ihrer Unterseite (meist 2) starre Dornen (Z 25).

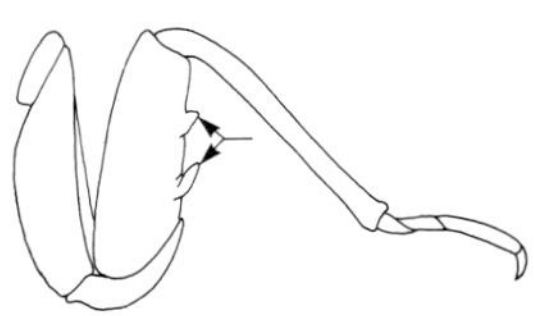

Z 25

3 Ocellen, im Dreieck auf dem Scheitel angeordnet (Z 26). – Antennengeißel deutlich segmentiert, damit nach den beiden Grundgliedern weitere, wenn auch dünnere Glieder (meist 4–5) folgend. (Großwüchsige Taxa, Länge durchweg über 1,5 cm). . . . . **Cicadoidea**[2] **Singzikaden**

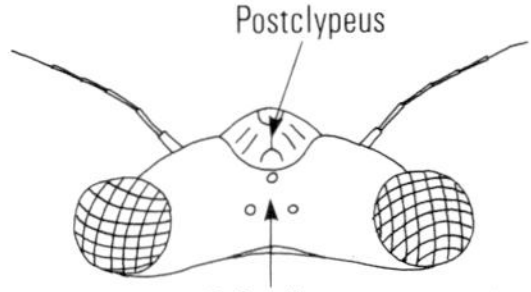

Z 26

Zweiter Abdominaltergit des ♂ jederseits mit nach vorn gerichtetem, das jeweilige »Tymbal« des Trommelorgans überdeckenden Fortsatz: **Cicadidae.** 2. Abdominaltergit ohne solche Fortsätze, Tymbal freiliegend: . . . . **Tibicinidae.**

– Vorderschenkel nicht dicker als Mittel- und Hinterschenkel, unbedornt (Z 15). Höchstens 2 Ocellen (auf dem Scheitel, dem Scheitelvorderrand oder in Höhe der Facettenaugen-Mitte auf dem »Gesicht«). Antennengeißel fadenförmig, nicht segmentiert, allenfalls die Geißelbasis verdickt und deutlich geringelt (Z 5) **15**

15. Hintercoxen enden weit vom Seitenrand des Metathorax entfernt, konisch geformt. Hintertibien im Querschnitt rund, relativ kurz, ohne Kanten oder Längsleisten, an der Aussenseite deutlich vor dem endständigen Dornenkranz 1–2 kräftige, starre Dornen . . . . **Cercopoidea**[3] **Schaumzikaden 16**

2 Anm.: die Aufteilung der Cicadoidea in Familien wird unterschiedlich praktiziert, das derzeit verbreitetste »Modell«, nach dem die europäischen Singzikaden teils zu den Tibicinidae (z. B. *Cicadetta, Tibicina*), teils zu den Cicadidae (z. B. *Cicada, Lyristes*) gehören würden, könnte sich als nicht verwandtschaftskonform erweisen.

3 Anm.: Von manchen Autoren werden die Cercopoidea nicht als Überfamilie, sondern nur als Familie (Cercopidae) gewertet, die im folgenden als Familien geführten Taxa würden dann den Status von Unterfamilien (Cercopinae, Aphrophorinae) haben.

– Hintercoxen vergrößert, plattenförmig, sie erreichen den Seitenrand des Metathorax (Z 14). Hintertibien im Querschnitt eckig bzw. kantig, ohne starre Dornen an der Außenseite (allenfalls Zacken als Basis für bewegliche Borsten) **17**

16. Pronotum um rund die Hälfte breiter als der Kopf. Schwarz gefärbt mit ausgedehnter roter Zeichnung auf Vorderflügeln, Hinterleib und manchmal Beinen .... **Cercopidae, Blutzikaden**

– Pronotum nicht breiter als der Kopf. Färbung nicht schwarz-rot .... **Aphrophoridae, Schaumzikaden**

17. Pronotum groß mit weit nach hinten über das Scutellum hinweg reichendem Fortsatz, Pronotumvorderabschitt (hinter dem Kopf) senkrecht gestellt .... **Membracidae, Buckelzikaden**

– Pronotum ohne nach hinten gerichteten Fortsatz, der Vorderabschnitt hinter dem Kopf horizontal (allenfalls leicht gewölbt) (Z 15) .... **Cicadelloidea**[4] **Kleinzikaden**

4 Anm.: Die Unterteilung in Teilgruppen wird unterschiedlich gehandhabt, ebenso der diesen Teilgruppen zugeteilte Rang (Familien, Unterfamilien, Triben).

Tabelle III: Zikadenlarven (Zuordnung zu Großgruppen)

1. Hinterhüften starr mit Metathorax verbunden, in Chitin-Querspange und dünnhäutige Bereiche »aufgelöst« (Z 13). [Antennenglied 2 mit Sinnesplatten]. (Mittelhüften lang, ihre Basis zur Körperseite hin gelegen) .... **Fulgoromorpha** ... **2**

– Hinterhüften beweglich, kugelig oder plattenförmig, nicht »aufgelöst«. [Antennenglied 2 ohne Sinnesplatten] (Tarsen maximal 2gliedrig) .... **Cicadomorpha** ... **4**

2. Körper einschließlich Kopf mit Sinnesgruben (scharfrandiges »Loch« mit darin querliegender Borste). [Trochanter der Hinterbeine an der zur Mitte gerichteten Seite mit einer Anzahl Quergrate] **3**

– Körper und Kopf (Körperform deutlich depress) ohne Sinnesgruben. [Keine Trochanterquergrate] ..... **Tettigometridae**

3. Innerer Dorn des Enddornenkranzes der Hintertibien deutlich größer als die anderen, beweglich (Z 16) .... **ältere Larven der Delphacidae**

– Innerer Dorn nicht größer als die anderen, starr .... **Larven der restlichen Fulgoromorpha-Familien und sehr junge Delphaciden-Larven** (Bei den beiden letzten Larvenstadien der Fulgoromorpha mit bereits 3gliedrigen Hintertarsen ist eine weitergehende Gruppenzuordnung nach der Bedornung und Form des 2. Hintertarsengliedes möglich, s. Adulttabelle II).

4. Vorderbeine gegenüber den anderen Beinpaaren stark verdickte, kräftige Grabbeine, die Tarsusbasis befindet sich basal vor der Tibienspitze (Z 27). Mittelcoxen kugelig, aber ihre Basis deutlich voneinander und von der Mittellinie entfernt auf der Körperunterseite gelegen (Antennengeißel gegliedert, Vorderkopf abgesetzt blasig vorgewölbt) .... **Cicadoidea**

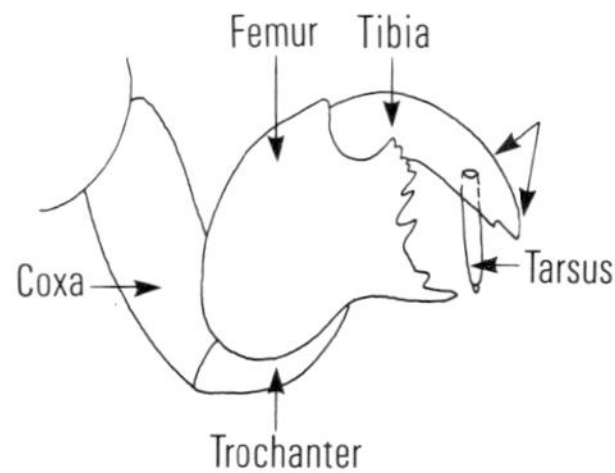

Z 27

– Vorderbeine nicht zu verdickten Grabbeinen umgewandelt, die Tarsusbasis am Tibienende. Mittelcoxenbasis nahe der Körpermitte **5**

5. Antennengeißel deutlich gegliedert (Z 7). Hinterhüften konisch, nicht bis zum Seitenrand der Metathorax-Unterseite ausgedehnt. Vorderkopf deutlich abgesetzt blasig vorgewölbt. Hinterleib (im Querschnitt) mit über halbkreisförmig hochgewölbter Rückenseite und konkaver Bauchseite (wenn nicht gerade daraus vertrieben, in selbsterzeugter Schaumhülle lebend) .... **Cercopoidea, Schaumzikaden**

– Antennengeißel eine geringelte, an ihrer Basis stark und weit verdickte Borste (Z 5). Hinterhüften vergrößert, plattenförmig, erreichen den Seitenrand des Metathorax. Vorderkopf nicht abgesetzt blasig vorgewölbt (bei manchen Taxa lang ausgezogen), (nie in Schaumhülle lebend) **6**

6. Pronotumvorderteil steil abfallend (Pronotum in Seitenansicht »bucklig«). Abdomenende hat die Form eines sich verjüngenden Rohrs, dieses Rohr ist ungefähr so lang wie der davorgelegene Hinterleibsabschnitt . . . . **Membracidae**

– Pronotumvorderteil nicht steil abfallend (Pronotum in Seitenansicht nicht »bucklig«). Abdomenende nicht rohrförmig oder, wenn ansatzweise so, dieses Rohr deutlich kürzer als der Hinterleibsabschnitt vor seiner Basis . . . . **Cicadelloidea**

Einzeldarstellungen

Vorbemerkung: Nicht alle Arten sind anhand der in den Abbildungen sichtbaren Merkmalausprägungen eindeutig bestimmbar: bei vielen existieren genauso oder fast genauso aussehende weitere Arten – eine Artbestimmung nur durch Vergleich mit den Abbildungen ist daher nicht möglich – diese Taxa sind durch folgendes Warnzeichen gekennzeichnet: ⚠

Unterordnung Fulgoromorpha (= Fulgoriformes)

Familie Cixiidae

Weltweit verbreitet, vermutlich monophyletisch. Eine der artenreichsten Gruppen der Fulgoromorpha, insbesondere in den Tropen formenreich. In der Westpaläarktis über 20 Gattungen, in der Literatur werden derzeit über 200 Arten erwähnt. In Mitteleuropa davon ca. 10 der zur Zeit aufgestellten Gattungen mit insgesamt über 30 Arten (Art/Unterart-Entscheidung in mehreren Gruppen noch unsicher). Die westpaläarktischen Taxa besitzen (mit einigen Ausnahmen) voll entwickelte Flugorgane, die Vorderflügel sind flach dachförmig gestellt, durchsichtig, mit ± ausgedehnter und bei manchen Taxa innerartlich variabel angeordneter Dunkelzeichnung. Die Adern tragen dunkle Körnchen (Tuberkeln) mit (vergänglicher) Borste. Imagines (viele Taxa offenbar poly-, andere monophag) in allen Vegetationsschichten, Larven unterirdisch in Bodenspalten, saugen an Pflanzenwurzeln (bei einigen Taxa dann auch die Imagines unterirdisch, s. Abb. von *Tachycixius lavatubus*). In Wachsfäden eingehüllte Eier vom ♀ mit Ovipositor in Bodenspalten abgelegt.

Cixius cunicularius (Linné)

Eine der wenigen an Habitusmerkmalen gut erkennbaren Arten, da dicht vor dem Flügelende mit breiter, brauner Bogenbinde. Sehr kurze Flügelspitze distal vom Pterostigma (dunkler Fleck am Flügelvorderrand). **Länge:** 6–8 mm. **Lebensweise und Verbreitung:** ± polyphag; meist in Baum- und Strauchschicht. Paläarktisch verbreitet.

Cixius nervosus (Linné) ⚠

Großwüchsige Art, relativ gut erkennbar am dunkelbraunen unteren Teil des Gesichts und dem hellen Postclypeus (Spitze des linken Vorderflügels beim abgebildeten Tier abgebrochen). **Länge:** 6–8,5 mm. **Lebensweise und Verbreitung:** ± polyphag, meist in der Baum- und Strauchschicht an Eiche, Birke, Erle, Weide u. a.. Imagines von Juni bis September. Bei uns weit verbreitete Art, meist aber nur in geringer Individuenzahl. Holarktisch.

♀ Cixius sp. ⚠

Nicht immer sind ♀♀ der Gattung *Cixius* (und auch die der anderen Cixiidengattungen!) derzeit schon sicher bis zur Art bestimmbar: dieses ♀ muß daher noch ohne Artnamen gezeigt werden (s. S. 82). Die Ähnlichkeit zu *C. nervosus* (s. Abb. S. 81 u.) ist in Färbung und Zeichnung deutlich, *C. nervosus* ist jedoch wesentlich größer und an hier nicht sichtbaren Stellen der Unterseite abweichend gefärbt.

o.: *Cixius cunicularius,* Schloßböckelheim/Nahe VI.88
u.: *Cixius nervosus,* Saarbrücken VIII.90

Cixius haupti Dlabola ⚠

Die hier abgebildete *Cixius haupti* ist Mitglied einer Gruppe von ± deutlich montan verbreiteten Taxa. Deren Imagines sind bei uns vorwiegend in und am Rande von Bergwäldern, Mooren usw., teils im Zwergstrauchbereich, teils auf Sträuchern und Bäumen (auch auf Fichte und Kiefer) anzutreffen. Die Abgrenzbarkeit gegen andere Arten der Gruppe ist für *C. haupti* noch ungeklärt, da Strukturen der männlichen Genitalarmatur offenbar variabel sind: Ausmaß, Verteilung und Ursachen dafür noch unbekannt. Zahl, Status und Verbreitung der Taxa dieser Gruppe daher noch offen. Von weiteren, ebenfalls ähnlichen Arten benachbarter Gruppen äußerlich nicht zu unterscheiden; deutliche Unterschiede jedoch im Bau der männlichen Genitalarmatur. **Länge:** 6–7 mm. **Lebensweise und Verbreitung:** Waldränder, Gebüsche; in lichten Bergwäldern auf Sträuchern und Gehölzen (auch Fichte, Kiefer).

u.: *Cixius sp.*, Tübingen IX.88
r.: *Cixius haupti*, Eschwege VI.89

Gattung **Tachycixius** W. Wgn.

Eine in Südeuropa, Vorderasien und Nordafrika artenreiche (Verwandtschafts?-) Gruppe, die auch die Kanarischen Inseln besiedelt hat. Wie auch *Trirhacus* Fieb., die ebenfalls mehrere mediterran verbreitete Taxa enthält, mit borstentragenden, schwarzen Körnchen nicht nur auf den Vorderflügeladern selbst, sondern in deren Distalteil auch auf der Randader (nur mit Lupe zu erkennen). Nur die folgende Art in der BRD:

Tachycixius pilosus (Oliv.)

Sehr farbvariabel (3 Beispiele gezeigt): Vorderflügel ± zerstreut gefleckt, ± quergebändert, mit Längsstreif oder völlig dunkel. **Länge:** 4–6 mm. **Lebensweise und Verbreitung:** eurytop; an Waldrändern, in Feldgehölzen und an xerothermen, buschbestandenen Hängen. Wenn Frühjahr warm, schon im April, sonst im Mai erwachsen; meist relativ zahlreich. In Europa weit verbreitet, meidet den äußersten Norden.

Tachycixius pilosus 3 Farbvarianten, Eschwege u. Berlin VI.89

Tachycixius lavatubus Remane & Hoch

Beispiel einer infolge völlig unterirdischer Lebensweise evolutiv stark veränderten Art: Augen nicht mehr ausgebildet, Pigmentierung und Flugorgane weitgehend rückgebildet. Derart »höhlenadaptierte« Cixiiden finden sich, konvergent entstanden, an vielen Orten der Welt – auch Taxa anderer Fulgoromorphafamilien sind gleichermaßen angepaßt (s. S. 48). Da Exemplare europäischer Taxa nicht zur Verfügung standen, wird hier als Beispiel eine Art von den Kanaren gezeigt. Wachsschweif am Hinterleibsende der Larven besonders stark ausgeprägt. **Länge:** 3,2–4,7 mm (♂), 3,7-4,7 mm (♀). **Lebensweise und Verbreitung:** in Lavahöhlen und vermutlich Lavastrom-Spaltensystemen der Kanarischen Inseln (Teneriffa). Saugt an Wurzeln, die in diese Höhlen hineinreichen.

Tachycixius lavatubus
u.: Imago
r.: Larve mit Wachsschweif; Asche und Hoch leg., Teneriffa XI.89

Familie Delphacidae – Spornzikaden

Diagnostisches Merkmal und entscheidende Synapomorphie dieser weltweit vertretenen Familie: großer, oft blattartiger, beweglicher Sporn der Hinterschienenspitze (in frühen Larvenstadien noch nicht derart ausgeprägt). Geschlechtsunterschiede oft in Form und (oder) Farbmustern. Bei vielen Arten neben langflügeligen, flugfähigen Formen solche mit ± verkürzten Flügeln und dann oft erheblich abgeänderter Form und Farbe. Bei einigen Taxa zeitweise fast 100% der Individuen kurzflügelig. – Bei uns leben die meisten Arten an einkeimblättrigen (monokotylen) Nährpflanzen. Die ♀♀ mit ausklappbarem Legestachel, mit dem die Eier in Pflanzen versenkt werden. In Europa (wohl auch weltweit) artenreichste Gruppe der Fulgoromorpha. Ca. 280 Gattungen mit über 1800 (in Deutschland ungefähr 100) Arten.

Unterfamilie Asiracinae

Asiraca clavicornis (Fabricius)

Einzige westpaläarktische Art der in vielen Merkmalen auf relativ ursprünglichem Evolutionsplateau befindlichen Unterfamilie. Extrem verlängertes 1. Fühlerglied; Vorderschenkel und -schienen blattartig verbreitert. **Länge:** 3,2–4,8 mm. **Lebensweise und Verbreitung:** in Steppenheiden; polyphag, auch an Dikotyledonen. Imaginalüberwinterer; vermutlich univoltin. In Süddeutschland dichter verbreitet, stellenweise häufig, nach Norden zunehmend nur inselartige Vorkommen an wärmebegünstigten Standorten. Vordringen in »gestörte« Biotope, z. B. aufgelassene Weinberge. Im Mittelmeergebiet auch Besiedler höherer Berglagen. Fehlt in Nordeuropa.

Asiraca clavicornis, Wöllstein/Rheinhessen V.89

Unterfamilie Kelisiinae

Monophyletische Gruppe (derzeit ca. 50 Arten), deren Arten in der Holarktis verteilt leben. In der Westpaläarktis ca. 25 Arten, derzeit auf 2 Gattungen verteilt (*Kelisia* Fieb., *Anakelisia* Wgn.). In Mitteleuropa 19 Arten, die überwiegend an Cyperaceen (diversen *Carex*-Arten), einige auch an Juncaceen leben. In manchen Artengruppen mehrere, äußerlich sehr ähnliche Arten, nur in der Struktur der Genitalarmatur beider Geschlechter verschieden. Neben einigen zeichnungslos strohfarbenen Arten zeigen die meisten eine charakteristisch angelegte, ± vollständig und artspezifisch ausgeprägte Dunkelzeichnung: je ein schwarzer Fleck auf der Kopf- und der Pronotumseite, je ein vom Auge nach hinten über den Thorax in die Vorderflügelspitze ziehender Sublateralstreif. Sporn der Hintertibien klein, kompakt, im Querschnitt dreieckig, mit einer Reihe von bis zu 10 Zähnen. Analrohr des ♂ mit Anhangspaar, das an der Ventralseitenbasis entspringt (Autapomorphie der Kelisiinae). Alle Arten mit kurz- und langflügeligen Individuen; Vorderflügel der kurzflügeligen das Abdomen bedeckend.

Gattung **Kelisia** Fieb.

Stellvertretend für die 19 mitteleuropäischen Kelisiinae hier mit *K. punctulum* (Kbm.) eine »helle« Art (Dunkelzeichnung nur als kleiner Wangen- und Pronotumfleck sowie Streif in der Flügelspitze) und eine relativ »dunkle« Art aus der (hinsichtlich Zahl ihrer Biospezies noch nicht ausreichend untersuchten) *K. ribauti-Gruppe* abgebildet. **Länge:** 2,8–4 mm *(K. ribauti)*, 3,2–4,5 mm *(K. punctulum)*. **Lebensweise und Verbreitung:** *K. punctulum* ist eine Art der Großseggenbestände (z. B. *Carex rostrata*); univoltiner Eiüberwinterer, ihr Areal ist auf Europa (ohne den Norden) beschränkt. In der *K. ribauti*-Gruppe sowohl imaginal als auch im Eistadium überwinternde Populationen, manche dürften nicht nur eine Generation pro Jahr hervorbringen. Manche auf Sandboden an *Carex arenaria*, andere auf Hang- und Zwischenmooren an anderen *Carex*-Arten. Taxa dieser Gruppe in der gesamten Paläarktis.

o.: *Kelisia punctulum*, Marburg X.90
u.: *Kelisia* sp. der *ribauti*-Gruppe, St. Rémy/Provence X.90

Unterfamilie Stenocraninae

Monophyletische Gruppe mit Vertretern in fast allen zoogeographischen Regionen. Relativ viele Arten in Nordamerika und der Ostpaläarktis. In der Westpaläarktis nur 3 Gattungen mit insgesamt weniger als 10 Arten, von denen 2 (*Terauchiana* Mats. mit nur einer, *Stenocranus* Fieb. mit einigen Arten) in anderen Gebieten wesentlich artenreicher sind und nur eine (*Stenokelisia* Rib.) hier endemisch zu sein scheint. In Mitteleuropa nur *Stenocranus*. Die westpaläarktischen Stenocraninen leben an Gräsern und Seggen, einige offenbar monophag.

Gattung **Stenocranus** Fieb.

Monophylum: Legescheide der ♀♀ schildförmig verbreitert, erzeugt Wachspuder zur Bedeckung des Eiablagefeldes im Pflanzenblatt. In Mitteleuropa nur 4 Arten, 3 von ihnen schwer zu unterscheiden. **Länge:** 4,5–5,8 mm *(S. minutus)*, 5,4–6,7 mm *(S. major)*. **Lebensweise und Verbreitung:** *S. minutus* F., *S. major Kbm.*, *S. fuscovittatus* Stål bei uns verbreitet und stellenweise häufig, *S. longipennis* Curt. nur vereinzelt. Alle 4 Arten oligo- oder sogar monophag: *S. longipennis* an bültenbildenden Großseggen, *S. fuscovittatus* an bestandsbildenden Großseggen (z. B. *Carex rostrata*), *S. major* an dem (schilfähnlichen) Strauß-Glanzgras *Phalaris arundinacea*, *S. minutus*, die häufigste Art, an Knäuelgras *(Dactylis)*. Alle Arten univoltin, mindestens die 3 letztgenannten Imaginalüberwinterer. Paarung und Eiablage bei *S. minutus* in milden Wintern evtl. schon im Januar/Februar. Nur bei *S. minutus* flugunfähige Individuen mit nicht voll ausgebildeten Flügeln. Alle Individuen der anderen Arten flugfähig; unternehmen im Herbst und Frühjahr ausgedehnte Wanderflüge nach und von den Überwinterungsquartieren. Sie treten dann auch in Mengen in Biotopen auf, in denen keine Fortpflanzung stattfindet (z. B. *S. major* in Italien in Reisfeldern). Als Beispiel werden die westpaläarktisch verbreitete *S. minutus* und die auf Europa beschränkte *S. major*, die bei uns häufigsten und einander ähnlichsten Arten, abgebildet. Bei beiden kann die Ausdehnung der Dunkelzeichnung stark variieren.

o. l.+ r.: *Stenocranus minutus*, Würzburg IX.88
u.: *Stenocranus major*, Schloßböckelheim/Nahe IX.88

Unterfamilie Delphacinae

Das mit Abstand artenreichste Monophylum der Familie enthält derzeit um 80% aller beschriebenen Delphacidenarten; in allen zoogeographischen Regionen (ausgenommen Antarktis) durch zahlreiche Arten vertreten. In vielen Merkmalen (Singapparat der ♂♂, Genitalarmatur u. a.) die am »höchsten« entwickelte Gruppe der Familie. In Mitteleuropa bisher fast 90 Arten dieser Gruppe nachgewiesen, sie verteilen sich derzeit auf fast 50 Gattungen. ♀♀ legen Eier gruppenweise in einen mit dem Ovipositor in die Pflanze gesägten Schlitz. Bei den Delphacini wird dieser Schlitz dann mit einem speziellen Lacksekret aus Eileiterdrüsen überzogen (nur *Conomelus* und *Megamelus*, in diesem Merkmal ursprünglich geblieben, besitzen diese Synapomorphie der restlichen Taxa nicht).

Conomelus anceps (Germar)

Gattung, die in Europa mehrere in Färbung und Zeichnung sehr ähnliche bis (äußerlich) ununterscheidbare Arten enthält, die alle an Binsen leben. Von allen anderen mitteleuropäischen Gattungen dagegen durch Färbung und Zeichnung gut unterscheidbar. Bei uns im wesentlichen nur *C. anceps*. **Länge:** 2,1–3,5 mm (kurz-), 4,0–4,5 mm (langflügelige Form). **Lebensweise und Verbreitung:** in ± feuchten, mit Binsen bestandenen Biotopen. Überwinterung als Ei; bei uns wohl nur univoltin. Imagines von Juni bis September. Westeuropäische Art, bis an die Alpen und Weißrußland verbreitet, bei uns überall häufig.

Conomelus anceps
o.: langflügelig, Marburg IX.88
u.: kurzflügelig, Berlin VIII.89

Megamelus notula (Germar)

Einziges europäisches Taxon einer z. B. in Nordamerika artenreichen Verwandtschaftsgruppe.
Gelblichweiß bis gelblichbraun gefärbt, mit kurz- und langflügeligen Formen; letztere seltener, treten nur in manchen Jahren gehäuft auf. Beim ♂ schwarzbrauner Längsstreifen seitlich am Abdomen, Flügel (der kurzflügeligen Form) mit dunklerer Zeichnung, die reduziert sein kann oder sich über den größten Teil der Flügel ausdehnt. Flügel der ♀♀ meist ohne diese Zeichnung. Seitliche dunkle Zeichnung des Vorderkörpers bis in die Hinterleibsspitze, bei dunklen Individuen fast den gesamten Körper bedeckend. – Langflügelige Formen mit dunklerem Körper, Flügel dagegen zeichnungslos hell (mit Ausnahme eines dunklen Flecks im Clavus). Hinterleibsende der ♂♂ ungewöhnlich groß, mit schalenförmigen Seitenfortsätzen des Genitalsegments; daher mit keiner anderen Gattung zu verwechseln. **Länge:** 2,2–4,2 mm (kurz-), 3,9–5 mm (langflügelige Form). **Lebensweise und Verbreitung:** meist in individuenreichen Populationen, häufig ab Juli in feuchten Biotopen an ± hochwüchsigen *Carex*-Arten (z. B. *C. rostrata*). – Überwinterung bei uns im Eistadium; univoltin. In Europa weit verbreitet, in Südeuropa jedoch sehr selten.

Megamelus notula
o.: ♂
u.: ♀, Berlin X.88

Gattung **Ribautodelphax** Wgn.

Arten dieser holarktisch verbreiteten Gattung (mit makropteren und brachypteren Formen) ohne eingehende genitalmorphologische Untersuchungen nicht bestimmbar. Hier als Beispiel eine nicht näher bestimmte Art der Gattung. Etwa 15 in Europa, davon 5–6 in Deutschland. Äußerlich zu verwechseln mit *Tyrphodelphax*-Arten, *Megadelphax haglundi* (J. Sahlb., keine Abb.) u. a. **Längen:** zwischen 1,9 und 4 mm. **Lebensweise:** stenotope und eurytope Arten auf Trockenrasen und in Binnendünen; teilweise auch auf Fettwiesen. Überwintern als Larven. Manche Arten auf nur eine Grasart spezialisiert. Bei einigen existieren triploide, parthenogenetische, »pseudogame« ♀♀ (s. S. 34).

Hyledelphax elegantulus (Boheman)

Gattung mit (derzeit) nur einer einzigen Art; ebenfalls lang- und (überwiegend) kurzflügelige Formen. ♂♂ in ihrer charakteristischen Zeichnung, insbesondere des Vorderkörpers, mit keiner anderen Art der Familie zu verwechseln. ♀♀ ähneln äußerlich vielen anderen Arten, Genitalorgane jedoch signifikant unterschiedlich. **Länge:** 2,0–3,4 mm (kurz-), 3,2–4 mm (langflügelige Form). **Lebensweise und Verbreitung:** lebt in Mooren, lichten Wäldern, an Waldrändern und in Heiden auf verschiedenen Gramineenarten, mit Vorliebe an feinblättrigen Polstergräsern (z. B. *Deschampsia flexuosa*). Imagines dieses bivoltinen Larvalüberwinterers von Mai bis August. Häufige, westpaläarktische Art, in Europa weit verbreitet; fehlt im mediterranen Klimabereich.

o. l.: *Ribautodelphax sp.*, Berlin VIII.88
Hyledelphax elegantulus
o. r.: ♂
u.: ♀, Berlin VI.89

Ditropis pteridis (Spinola)

Monospezifische Gattung. Kurzflügelige Exemplare überwiegend glänzend schwarz mit gelbbraunem Kopf (bei einigen auch Thorax) und auffällig langen, gelben Beinen. Hinterleib schwarz, Intersegmentalhäute gelb, dadurch die ♀♀ »geringelt« wirkend. Manche ♀♀ insgesamt heller (s. Abb.). Vorderflügel der seltenen macropteren Form transparent. Durch Lebensweise eindeutig charakterisiert (s. u.). **Länge:** 2,3–3,5 mm (kurz-), 4,4–4,7 mm (langflügelige Form). **Lebensweise und Verbreitung:** einzige Zikadenart, die bei uns monophag an Adlerfarn *(Pteridium aquilinum)* lebt. Überwintert als Larve in der Bodenstreu, Imagines ungefähr von Mai an, offenbar univoltin. In der Westpaläarktis und auch in Mitteleuropa weit verbreitet; bei uns wohl überall, wenn auch nicht an allen Standorten ihrer Nährpflanze.

Ditropis pteridis
u. und r. o.: ♀ (2 Farbmorphen)
r. u.: ♂, Marburg VI.90

Gattung **Criomorphus** Curt.

Holarktisch verbreitete Gruppe. Mehrere Arten in der Paläarktis, 4 davon auch in Mitteleuropa. Braun und schwarz gefärbte Arten mit weißen Querbinden (kurzflügelige Individuen). Makroptere Formen mit farblosen, transparenten Flügeln; ähnlich *Florodelphax*-Arten und *Javesella ståli* (Metc.), diese jedoch mit ungegabeltem Mittelkiel im Gesicht. Die 4 bei uns vorkommenden Arten, *C. albomarginatus* Curt., *C. moestus* (Boh.), *C. borealis* (J. Sahlb.) und *C. williamsi* (Chn.) ohne genitalmorphologische Untersuchungen nicht sicher unterscheidbar. Alle mit weißem Hinterrand des Halsschildes und einer am Innenrand gezackten, weißen Flügelendbinde. Abgebildet ist ein wahrscheinlich zu *C. albomarginatus* gehörendes ♀. **Länge** (dieser Art): 2,0–3,1 mm (kurz-), 3,5–4 mm (langflügelige Form). **Lebensweise und Verbreitung der Arten:** nur *C. albomarginatus* häufig, allgemein verbreitet; eurytop, auf Wiesen und niederer Vegetation in Wäldern an verschiedenen Gräsern, z. B. *Festuca pratensis, Poa pratensis*. Larvalüberwinterer.

Gattung **Javesella** Fennah

Holarktisch verbreitete Gruppe, alle Arten durchweg mit flug- und nichtflugfähigen Individuen auftretend; einander äußerlich z. T. sehr ähnlich, nur manche ohne genauere Genitaluntersuchungen erkennbar. Einige sehr häufig und eurytop, mit Ausbreitungsflügen.

Javesella dubia (Kirschbaum) ⚠

Äußerlich von manchen anderen Arten der Gattung nicht sicher zu unterscheiden. **Länge:** 2,2–3,4 mm (kurz-), 3,2–4,3 mm (langflügelige Form). **Lebensweise und Verbreitung:** an verschiedenen Gramineen feuchter bis mittelfeuchter, offener bis schattiger Standorte. Westpaläarktisch, bei uns überall; stellenweise sehr häufig. Bivoltiner Larvalüberwinterer.

o.: *Criomorphus sp.*, ♀, Berlin VI.89
u. l.: *Javesella dubia*, ♂, Berlin IX.89
u. r.: *Javesella cf. dubia*, ♀, Berlin IX.89

Javesella discolor (Boheman) ⚠

Sehr farbvariable Art. Leisten auf Kopf, Hinterrand des Halsschildes und Scutellum bräunlich gelb. Flügel der brachypteren Form farblos oder ± braun, dann aber mit schmalem, hellem Spitzensaum. **Länge:** 2,2–3,3 mm (kurz-), 4–4,5 mm (langflügelige Form). **Lebensweise und Verbreitung:** oft sehr individuenreiche Populationen auf sumpfigen Wiesen, Mooren und ± feuchten Wäldern, z. B. an *Eriophorum, Luzula* und diversen Gräsern. Normalerweise univoltine Art, als Larve überwinternd. Paläarktisch verbreitet; in Europa überall anzutreffen, im Süden nur noch im Gebirge. Auch in Mitteleuropa bis in montane Zonen hinaufreichend.

u.: *Javesella sp.*, ♀, Berlin VIII.89
rechte Seite, o. l.: *Javesella sp.*, ♀, Berlin VIII.88
o. r.: *Javesella discolor*, Eschwege VII.89
u.: *Javesella discolor*, Güster/Lauenburg VI.89

Javesella pellucida (Fabricius) ⚠

In der Färbung variable Art; ♀ heller, gelblich-bräunlich, oft mit dunkleren Flecken. ♂♂ weitgehend schwarz mit hellen Kopfleisten und weißlichem Halsschild, dadurch von anderen *Javesella*-Arten zu unterscheiden. Vorderflügel der (wesentlich häufigeren) langflügeligen Form farblos, transparent. Brachyptere Formen wohl nur in optimalen Biotopen. **Länge:** 2,1–3,4 mm (kurz-), 4–5 mm (langflügelige Form). **Lebensweise und Verbreitung:** Wirtspflanzen dieser sehr häufigen Art sind verschiedene Gräser (auch Getreide) in feuchten und trockeneren Habitaten; auch auf kultivierten Feldern. Bi- bis trivoltine Art, überwintert als Larve. Holarktisch, in Mitteleuropa eine der häufigsten Delphacidenarten und überall verbreitet; besiedelt nach Ausbreitungsflügen Pioniervegetation und kultivierte Flächen, z. B. freigefallene Ufersäume, Wiesen, Getreidefelder u. ä., auf letzteren besonders durch Übertragung von Pflanzenvirosen schädlich. In Südeuropa selten, auf der Iberischen Halbinsel fast fehlend.

Euides speciosa (Boheman)

Mit stark ausgeprägtem Sexualdimorphismus. ♂ grundsätzlich langflügelig; ♀ kurzflügelig und ohne Zeichnung oder langflügelig und in der Zeichnung (diese nicht ganz so scharf ausgeprägt) dem ♂ ähnlich, sehr viel größer. In Färbung und Zeichnung sind nur die Arten der Gattung *Delphax* ähnlich, sie sind jedoch größer und das 1. Fühlerglied ist länger und breiter. Flügelzeichnung der 2. Art, der alpinen *Euides alpina* Wgn., »verwaschener« als bei *E. speciosa*. **Länge:** 5–5,8 mm (♂), 4,5–5 mm (kurzflügelige ♀), 6,5–6,75 mm (langflügelige ♀♀). **Lebensweise und Verbreitung:** lebt an Schilf *(Phragmites australis)*; Larvalüberwinterer mit 1–2 Generationen pro Jahr. Imagines von Juni bis August. In Europa weit verbreitet.

Javesella pellucida
o. l.: ♀
o. r.: ♂, Berlin VIII.88
u. : *Euides speciosa*, Berlin VII.90 (Zuchten von H. Strübing)

Gattung **Eurysa** Fieb.

Bei uns nur wenige Arten der im Mittelmeergebiet artenreichen Gattung. Am häufigsten ist:

Eurysa lineata (Perris)

Kopf, Halsschild und Mesonotum gelblich weiß, die beiden letzteren mit 4 schwarzen Längsbinden. Hinterleib der ♂♂ schwarz, mit braunen Abschnitten an den Hinterrändern der Segmente. Flügel bräunlich, transparent und mit dunkleren Adern. Langflügelige Form insgesamt dunkler. Ähnlich, aber größer: *Eurybregma nigrolineata* Sc. **Länge:** 2,4–3,4 mm (kurz-), 3,6–4,4 mm (langflügelige Form). **Lebensweise und Verbreitung:** in wärmebegünstigten Biotopen an Gräsern ± trockener Wiesen und südexponierter Waldränder; meist individuenarme Populationen. Wirtspflanze vermutlich *Poa nemoralis*. Überwinterung als Larve. Westpaläarktisch, in Europa weit verbreitet; fehlt im Norden (Norwegen, Dänemark) oder ist dort selten (Schweden).

Gattung **Stiroma** Fieb.

Zwei sehr ähnliche Arten (*S. affinis* Fieb., *S. bicarinata* H.S.); nur die ♂♂ am Bau der Genitalarmatur unterscheidbar. Gelblichbraun gefärbte Arten, mit charakteristischen, ± dreieckigen Flecken auf dem Mesonotum. ♀♀ insgesamt heller als ♂♂. Vorderflügel transparent. Hier abgebildet: *S. affinis* Fieb. **Länge:** 2,5–3 mm (kurz-), ca. 5 mm (langflügelige Form). **Lebensweise und Verbreitung:** in Wäldern, auf Waldlichtungen an Gräsern. Überwintert als Larve. In Europa (auch im Norden) weit verbreitet, insgesamt paläarktisch ohne Ostpaläarktis.

o. l.: *Eurysa lineata*, Berlin VII.89
Stiroma affinis
o. r.: ♂
u. r.: ♀, Berlin VI.89

Gattung **Muellerianella** W. Wgn.

Holarktisch verbreitete Gattung, in Mitteleuropa 3 äußerlich nicht unterscheidbare Arten, nur ♂♂ an ihren Genitalstrukturen erkennbar. Wie bei *Ribautodelphax* sind (bei *M. fairmairei* Perr.) triploide, parthenogenetische, pseudogame ♀♀ neben »normalen« vorhanden (s. S. 34). Gelblichbraun gefärbt, ohne besonders auffallende charakteristische Flecke. Verwaschener breiter Aalstrich im Vorderkörper, daneben 2 dunklere Sublateralstreifen. Kurz, lang oder intermediär geflügelte Formen. **Länge:** 2,5–3,6 mm (kurz-), 3,5–4,9 mm (langflügelige Form). **Lebensweise und Verbreitung:** Die 3 Arten ökologisch unterschiedlich eingenischt: *M. extrusa* (Sc.) an Pfeifengras *(Molinia)*, *M. fairmairei* an *Holcus* zwischen Binsen, die hier abgebildete *Muellerianella brevipennis* (Boh.) monophag an Rasenschmiele *(Deschampsia caespitosa)*. Bei uns alle 3 Taxa bivoltin, Überwinterung im Eistadium. *M. brevipennis* in Europa mit ihrer Nährpflanze verbreitet.

Struebingianella lugubrina (Boheman) ⚠

Kurzflügelige ♂♂ strohgelb, mit schwarzen Hüften. Flügel schwarz, ihr Ansatz und die schmalen Ränder strohgelb. Hinterleib gelb, Genitalsegment schwarz. ♀♀ insgesamt hell, nur anhand der Abbildung nicht von anderen Arten zu unterscheiden; den ♂♂ ähnlich ist *Oncodelphax pullulus* (Boh., nicht abgebildet), diese ist jedoch wesentlich kleiner. **Länge:** 2,5–3,1 mm (♂♂ kurz-), 3,9–4,5 mm (♀♀ kurz-), 5–5,5 mm (langflügelige Form). **Lebensweise und Verbreitung:** in feuchten Biotopen, z. B. Flachmooren und Erlenbrüchen, an Gräsern *(Glyceria maxima* und *fluitans)*. Überwinterung als Larve; wahrscheinlich bivoltin. In Europa weit verbreitet, jedoch im Süden fehlend.

l. o.: *Muellerianella brevipennis*, Marburg, VII. 89
Struebingianella lugubrina
r. o.: ♂
u.: ♀, Berlin X.89 (aus Zuchten von H. Strübing)

Kosswigianella exigua (Boheman) ⚠

Derzeit einzige europäische Art der Gattung. Kopf, Thorax und Vorderflügel des ♂ fahl, gelblichbraun. Abdomen und Beine weitgehend schwarz. Abdomen der kurzflügeligen ♀♀ bräunlich-gelb mit seitlichen Reihen dunklerer Flecke. Langflügelige Form mit zeichnungslos hellen Flügeln. Ähnlich, aber größer ist *Muirodelphax aubei* (Perr.). **Länge:** 1,6–2,7 mm (kurz-), 2,9–3,4 mm (langflügelige Form). **Lebensweise und Verbreitung:** bei uns auf trockenen Wiesen, Waldlichtungen und Hängen an horstbildenden, feinblättrigen Gräsern (z. B. *Weingaertneria*), stellenweise häufig. Überwintert als Larve; bivoltin. In Südeuropa nur im Gebirge.

Gattung Acanthodelphax Le Quesne

2 mitteleuropäische Arten, nur die ♂♂ sicher am Genitalbau unterscheidbar. – ♀♀ insgesamt fahl, gelbbraun gefärbt, ohne dunklere Flecke. Kopf und Thorax beim ♂ gelbbraun, Hinterleib schwarz. ♂ äußerlich mit stellenweise syntop vorkommenden *Kosswigianella*-♂♂ zu verwechseln. Hier abgebildet: *Acanthodelphax spinosus* (Fieb.). **Länge:** 2–3 mm. **Lebensweise und Verbreitung:** *A. spinosus* ist relativ eurytop, in oft individuenreichen Populationen an feinblättrigen Gräsern, z. B. Borstgras *(Nardus)*, auf sauren und basischen Böden ± feuchter oder xerothermer Standorte. Bivoltiner Larvalüberwinterer. In Europa weit verbreitet, aber schon in Norddeutschland selten. Fehlt in Skandinavien. Die 2. Art, *A. denticauda* (Boh.), lebt demgegenüber stenotop in Horsten von Rasenschmiele *(Deschampsia caespitosa)*.

l. o.: *Kosswigianella exigua*, Marburg VII.90
Acanthodelphax spinosus
r. o.: ♀
u.: ♂, Marburg VIII.89

Delphacinus mesomelas (Boheman)

Einzige europäische Art der Gattung. ♂ sehr charakteristisch durch den vorgezogenen Scheitel und die Farbkombination: Kopf, Oberseite des Thorax und Flügel weißlich, Unterseite des Thorax, Beine und Abdomen schwarz. Letzteres vor der Spitze mit weißer Querbinde. Das (nicht abgebildete) ♀ insgesamt einfarbig gelblichweiß gefärbt. **Länge:** 2–3 mm (kurz-), 3,5–4 mm (langflügelige Form). **Lebensweise und Verbreitung:** bei uns auf Wiesen und trockenen Heiden an Gräsern *(Nardus* und *Festuca)*. Überwinterungsform ungeklärt, evtl. im Ei; je nach Höhenlage uni- oder bivoltin. Erwachsene von Juni bis August. Westpaläarktisch; im Mittelmeergebiet nur in höheren Gebirgslagen, ansonsten in ganz Europa.

Gattung **Dicranotropis** Fieb.

4 Arten der Gattung in Europa, alle mit ± weit basal im Gesicht gegabeltem Mittelkiel. In Deutschland nur 2, davon eine allgemein, die andere montan verbreitet. Beide Geschlechter unterschiedlich gefärbt, mit jeweils charakteristischer Zeichnung. Flügel schmal, hell gerandet. Im Rückenbereich dieses Randes mit kurzem, schwarzem Streifen. ♂ der abgebildeten *D. hamata* (Boh.) mit auffällig vergrößertem Genitalsegment mit nach innen gekrümmten, zahnartigen hinteren oberen Seitenecken. **Länge:** 2,9–4 mm (kurz-), 4,2–4,9 mm (langflügelige Form). **Lebensweise und Verbreitung:** häufige Art auf stickstoffreichen Wiesen, Feldern und in Wäldern an verschiedenen Gräsern, bei uns besonders *Dactylis* und *Agropyron*. Überwintert als Larve; Adulte von Mai bis Oktober; bivoltin. Von Sibirien bis nach Westeuropa hereinreichend.

l. o.: *Delphacinus mesomelas*, ♂, Marburg VI.90
Dicranotropis hamata
r. o.: ♂
r. u.: ♀, Berlin VIII.88

Gattung **Chloriona** Fieb.

Paläarktisch verbreitete Gattung untereinander sehr ähnlicher Arten, 10 davon in Europa, 7 in Deutschland. Bei allen Arten sind die ♂♂ schlank, langflügelig, grünlichgrau, die ♀♀ entweder ebenso oder kurzflügelig und leuchtend grün. Alle Arten leben an *Phragmites*, im Süden auch an *Arundo*, evtl. auch *Typha*. Artbestimmung nur über Genitalarmatur der ♂♂ sicher, die der ♀♀ nicht immer sicher möglich. Abgebildet: *C. smaragdula* (Stål). **Länge:** 4,7–5,6 mm (kurz-), 4–6 mm (langflügelige Form) von *C. smaragdula*. **Lebensweise und Verbreitung:** in feuchten Biotopen an Phragmites, besonders in sehr dichten und hohen Schilfbeständen. Meidet salzige Böden (auf denen andere Arten der Gattung vorkommen). Abhängig vom Frühjahrsklima eine oder 2 Generationen; Überwinterung als Larve. Adulte von Juni bis August. Westpaläarktisch verbreitet, im südlichen Südeuropa offenbar fehlend. Bei uns am weitesten verbreitete und häufigste Art der Gattung. In Schilfbeständen auf Salzböden (Küsten, Binnensalzstellen) ersetzt *C. glaucescens* Fieb. die vorige Art, 2 weitere Arten sind nur stellenweise anzutreffen (*C. vasconica* Rib., *C. dorsata* Edw.), eine reicht vom Osten nach Mitteleuropa hinein (*C. stenoptera* Fl.), 2 von Süden [*C. unicolor* (H.S.), *C. sicula* Mats.] aus dem Mittelmeergebiet.

Chloriona smaragdula (Stål)
kurzflügelig, Marburg VII.89
langflügelig, Marburg VI.90

Familie Dictyopharidae

Weltweit verbreitete, besonders in den wärmeren Gebieten formen- und artenreiche Gruppe. Derzeit noch nicht durch Merkmale, die als synapomorph wertbar, als Monophylum ausgewiesen. Vor allem die Abgrenzung zu der ebenso fragwürdigen Einheit »Fulgoridae« wird nicht einheitlich gehandhabt. In der Westpaläarktis bestehen die Dictyopharidae aus 2 im Aussehen sehr verschiedenen Gruppen: 1. »Dictyopharinae«. 2. »Orgeriinae«. In beiden Untergruppen existieren neben Taxa mit »normalem« Kopf solche mit ± stark vorgezogener und bisweilen auch gekrümmter Kopfspitze. Wie bei fast allen Fulgoromorpha-Gruppen ist dieser vordere Kopfteil »hohl«, durch einen gasgefüllten, vom Mitteldarmabschnitt nach vorne ziehenden Blindsack ausgefüllt (s. S. 14).

Unterfamilie Dictyopharinae

Eher »phänetische« als phyletisch begründbare Untergruppe; überwiegend mit Arten, deren Vorder- und Hinterflügel groß, durchsichtig und ± reich geadert sind: Bei einigen Taxa tragen sie dunkle Muster, bei einer, an graublättrigen Wüstensträuchern lebenden Art, sind sie opak. Verlängerung des Kopfes bei einigen Taxa kaum vorhanden, bei anderen so lang wie der dahinterliegende Teil des Vorderkörpers. Sie kann, je nach Art, breit oder stiftartig, gerade oder nach oben oder unten gebogen sein. Körperfarbe bei vielen Arten hell- bis dunkelgrün. Körper bei manchen gemustert (oft orange) oder blaßgrau. Bei grünen Arten Individuen, deren Körperfarbe rosa ist; diese Farbformen als »Aberrationen« (»var. *rosea*«) benannt. Von den 2–3 im Mittelmeergebiet lebenden Gattungen reicht nur eine, von den über 30 westpaläarktischen Arten reichen nur 3 bis nach Mitteleuropa hinein. Auch von diesen 3 nur eine in Deutschland. Frage der tatsächlichen Artenzahl in der Westpaläarktis auch in dieser Gruppe noch nicht mit zeitgemäßen Methoden untersucht.
Die meisten Dictyopharinenarten in ± steppenartigen Lebensräumen an Stauden und Zwergsträuchern, eine Anzahl von ihnen jedoch auch auf Büschen und Bäumen, z. B. auf Eichenarten der Macchien- bzw. Phryganeaformationen.

Dictyophara europaea (Linné) – **Europäischer Laternenträger**

Einzige *Dictyophara*- und Dictyopharinae-Art, die bis in die Tiefebene nördlich der deutschen Mittelgebirge vordringt; sicher erkennbar. Die bis in den Südosten Mitteleuropas (Ungarn, Österreich, Slowakei) verbreitete *D. multireticulata* M. R. größer, Endteil der Vorderflügel ausgedehnter netzadrig. Die ebenfalls noch im Südosten Mitteleuropas (Ungarn, CSFR bis Böhmen) vorkommende *D. pannonica* (Germ.) mit sehr lang ausgezogenem, leicht aufgebogenem Vorderkopf. **Länge:** 9–13 mm. **Lebensweise und Verbreitung:** als »mediterrane« Art bei uns nur in ± wärmebegünstigten Biotopen, Staudenbesiedler, vermutlich ± polyphag. Univoltin, Eiüberwinterer. Ei wird vom Weibchen vor Ablage am bzw. im Boden durch greifbaggerartig funktionierende Teile des Ovipositors mit Erdkrümeln umhüllt. Westpaläarktisch verbreitet, in Mitteleuropa Nordwestgrenze der Verbreitung (fehlt in Nordwestdeutschland, offenbar auch in England, Irland, Dänemark und Fennoskandia).

Dictyophara europaea, Schloßböckelheim/Nahe IX.86

Unterfamilie Orgeriinae

Monophyletische (?) Gruppe flugunfähiger Taxa. Hinterflügel völlig, Vorderflügel so stark rückgebildet, daß nur noch ungefähr die halbe Oberseite des Hinterleibs bedeckt wird, zu derben, hinten quer abgestutzten »Halbdeckflügeln« umgewandelt; ursprüngliche Aderung kaum oder gar nicht mehr erkennbar, Abgrenzung des Clavus undeutlich oder fehlend. Diese Vorderflügel-»Rudimente« bei manchen Taxa mit intensiven und kontrastreichen Farben und Mustern. Ocellen und Deckschüppchen (Tegulae) des Vorderflügelgelenks im Zusammenhang mit Verlust der Flugfähigkeit »abgeschafft«. Dafür erheblich gesteigertes Sprungvermögen. Fast alle Taxa in steppen- bis halbwüstenartigen Lebensräumen (auch derartige Gebiete in höheren südländischen Gebirgen). Nur wenige Arten in baumbestandenen Gebieten (z. B. Eichenwäldern Südspaniens). Offenbar die meisten Arten ± polyphag an Kräutern, Stauden, Zwergsträuchern und auf Gebüsch, echte Baumbesiedler fehlen offenbar. Verbreitung der Orgeriinae daher auf Gebiete konzentriert, in denen solche Lebensräume vorherrschen: bei den derzeit als Orgeriinae angesehenen Taxa 2 Hauptverbreitungsgebiete: Süden der Paläarktis von Westchina bis zu den Kanarischen Inseln und Südwesten Nordamerikas. Innerhalb des paläarktischen Areals deutliche Zweiteilung in ein »östliches« Gebiet, das westlich bis Griechenland reicht (derzeit 18 Gattungen mit zusammen 88 Arten) und ein westliches mit Artenhäufungszentrum im iberisch-nordwestafrikanischen Raum (derzeit 6 Gattungen mit 39 Arten), das östlich bis Jugoslawien reicht. Keines der Taxa in beiden Gebieten. Nur 2 Arten der weit verbreiteten Gattung *Bursinia* (derzeit 17 Arten) im Südosten bis nach Mitteleuropa; fehlen in Deutschland.

Gattung **Bursinia** A. Costa

Genaue Artangabe derzeit nicht sicher möglich, da Artabgrenzung noch unzureichend geklärt. Dementsprechend auch keine sicheren Angaben über Verbreitung und Ökologie. Relativ unscheinbares Taxon innerhalb der Orgeriinae. **Länge:** 5–6 mm.

Bursinia sp.
o.: Manosque, Provence X.90
u.: Alès, Provence VII.89

Familie Issidae

Vermutlich »klassifikatorische« Sammelgruppe: nähere Verwandtschaft nicht durch sachgerechte Untersuchungen belegt. Fast weltweit verbreitet, in der Westpaläarktis 2 u. U. nicht näher verwandte Unterfamilien: vermutlich monophyletische Caliscelinae und »Issinae«. Letztere Konglomerat aus zahlreichen »Gattungen« (derzeit ca. 30–35) und Arten (derzeit rund 200); die meisten davon nur im Süden der Paläarktis. Nur wenige (maximal 10 Arten mehrerer Untergruppen) ± weit bis nach Mitteleuropa verbreitet. Leben in der Niedervegetation, auch in Strauch- und Baumschicht; mono- und polyphage Arten. Sehr unterschiedliche, z. T. hochspezialisierte Eiablagemethoden (s. S. 38).

Issus coleoptratus (Fabricius) – **Käferzikade**

Häufigere der beiden, einander sehr ähnlichen, auch in Mitteleuropa vorkommenden *Issus*-Arten. Sie sind in Mitteleuropa an Größe und Körperform erkennbar. Färbung ± oliv-grau, Hell-Dunkel-Zeichnung innerartlich sehr variabel. **Länge:** 5,5–7 mm. **Lebensweise und Verbreitung:** extrem polyphage, offenbar flugunfähige Art. Auf Efeu, *Buxus, Taxus*, Eichen (lokal bevorzugt), *Juniperus* u. a. Junglarven überwintern in Bodenstreu, u. U. auch auf Coniferen. Univoltin. Imagines von Juni bis August. Westpaläarktisch, Arealnordgrenze in Mitteleuropa.

Gattung **Hysteropterum** A. S.

Die ehemals in der polyphyletischen »Sammelgattung« vereinten Arten im Gegensatz zum deutlich depressen *Issus* in der Mehrzahl eher kompress. Hinterflügel der meisten reduziert. Färbung und Zeichnung bei vielen Taxa sexualdimorph, bei manchen intraspezifisch variabel. In den letzten Jahren in verschiedene Gattungen aufgeteilt. **Längen:** Zwischen 4 und 7 mm. **Verbreitung:** im Mittelmeergebiet (und anderen Teilen der Welt) mit zahlreichen Taxa; nur wenige bis in den Süden Mitteleuropas (Österreich, Norditalien).

o. l.: *Issus coleoptratus,* Eschwege VI.90
Hysteropterum sp.
o. r.: Conil/Cadiz V.88
u.: St. Rémy/Provence X.90

Unterfamilie Caliscelinae

Durchweg ± kompress gebaute Taxa, bei manchen kurz- und langflügelige Individuen; manche Taxa nur kurzflügelig, mit z. T. sehr speziell geformten Vorder-, bisweilen auch Hinterflügeln. Auch die Vorderbeine bei einigen Taxa (besonders bei den Männchen) verbreitert und oft auffällig gefärbt. Fast weltweit verbreitet, die meisten Arten derzeit im südwestlichen Nordamerika, in der Westpaläarktis 8 Gattungen mit fast 40 Arten. Nur von einer Gattung *(Ommatidiotus)* lebt ein Taxon nur nördlich des Mittelmeerraumes, 3 weitere von dieser sowie eine andere Gattung reichen von Südosten nach Mitteleuropa etwas herein. Die restlichen mehr als 30 Arten mediterran bis mittelasiatisch verbreitet. Ökologisch gesehen Taxa der Niedervegetation oder auch der Strauch- und Baumschicht (eine an Dattelpalmen!); z. T. auch in Feuchtbiotopen.

Gattung **Ommatidiotus** Spin.

Einzige Caliscelinengattung, die eine voll in Mitteleuropa lebende Art (s. Abb.) besitzt. Meist kurzflügelig, langflügelige selten. Auch bei kurzflügeligen überragen die Vorderflügel noch den Hinterleib. Oberseite strohfarben bis weißlich, mit orangefarbenen Streifen. Flügelrand beim ♂ schwarz, ebenfalls Unterseite. Hier abgebildet die in Deutschland verbreitete *Ommatidiotus dissimilis* (Fall.). **Länge:** 2,7–4,7 mm (kurz-), 4,8–5,6 mm (langflügelige Form). **Lebensweise und Verbreitung:** in Mooren an Wollgras *(Eriophorum vaginatum)*. Eiüberwinterer, univoltin. Imagines von Juli bis September. Einzige Art der Gattung, die auch in Nordeuropa vorkommt.

Ommatidiotus dissimilis
o.: ♂
u.: ♀, Falkensee/Berlin VII.90

Gattung **Caliscelis** Lap.

Gattung mit mehreren in Form und Farbmustern »spektakulären«, auf den ersten Blick »zikadenunähnlichen« Arten. Erheblicher Sexualdimorphismus in Form, Färbung und Zeichnung (oft auch in Größe) bei allen Arten der Gattung. Mehrere, z. T. sehr ähnliche Arten im Mittelmeergebiet, keine davon erreicht Mitteleuropa. ♂♂ aller Arten mit auffällig langen, blattartig verbreiterten Vorderbeinen (bei den ♀♀ schwächer ausgeprägt).

Caliscelis bonellii (Latreille)

Eine der kleinwüchsigen Arten mit farblich kontrastreich gezeichneten ♂. **Länge:** 2,5 mm (♂); 3,7–4,4 mm (♀). **Lebensweise und Verbreitung:** in trockener Vegetation; Futterpflanze(n) unbekannt. Bedeutung der insbesondere beim ♂ stark verbreiterten Vorderbeine unbekannt; werden wie Palpen von Spinnen auf und ab bewegt. Generationenzahl und Einpassung in den Jahreszyklus weitgehend unerforscht. Nördliche Verbreitungsgrenze in Südfrankreich, Nordjugoslawien in niedrig gelegenen Gebieten; im gesamten Mittelmeergebiet vorkommend und wahrscheinlich häufigste Art der Gattung.

Caliscelis wallengreni (Stål)

»Spektakuläre« Art mit erheblichem Sexualdimorphismus in Form, Färbung und Größe. ♂ im Gegensatz zu *C. bonellii*-♂♂ mit sattelförmig aufgeworfenen Flügeln (s. oben!). **Länge:** 4 mm (♂); 6 mm und größer (♀). **Lebensweise und Verbreitung:** Vorliebe für leicht salzige Steppenbereiche. – Ostmediterrane Art, westlich das Rhône-Delta erreichend.

Caliscelis wallengreni
o. l.: ♂, Camargue VII.89
o. r.: ♀, Camargue VII.89
Caliscelis bonellii
u. l.: ♂, Sommières/Alès VIII.89
u. r.: ♀, Manosque/Provence X.90

Familie Flatidae

Hauptsächlich in den Tropen und Subtropen der Alten und Neuen Welt. Nur wenige Gattungen (ca. 10–15) mit ca. 50 Arten in der Westpaläarktis, keine davon erreicht Mitteleuropa.

Cyphopterum difforme (Spinola)

Vertreter einer Gruppe prinzipiell flugunfähiger Arten. Mit zahlreichen, äußerlich einander ähnlichen Taxa in der Südwestpaläarktis. Vorderflügel sehr auffällig umgestaltet. In Europa keine weitere, derart »bucklige« Art mit zugespitzten Flügelenden (in der älteren Literatur unter den Artnamen *C. adscendens* H.-S. und *incertum* Lindb. geführt). **Länge:** um 4 mm. **Lebensweise und Verbreitung:** *C. difforme* lebt in stark salzhaltigen Küstenregionen an perennierendem, strauchförmigem Queller *(Arthrocnemum)*. (Weitere Arten in Portugal, Nordwestafrika, Madeira, Kanaren und den Azoren an anderen Pflanzen). Läßt sich bei Gefahr fallen und stellt sich tot; zwischen verdorrten Pflanzenteilen nicht auffallend. – Im Nordbogen des westlichen Mittelmeergebiets nur die abgebildete Art. Gattung mit allen Arten auf die Südwestpaläarktis beschränkt.

Familie Tropiduchidae

Insbesondere in den Tropen und Subtropen der Alten und Neuen Welt; formenreich. In Europa nur 2 Gattungen, die folgende nach Mitteleuropa hineinreichend.

Trypetimorpha fenestrata A. Costa

Eine der beiden mediterranen Arten der Gattung. Sehr auffällige Art, mit gefenstert erscheinenden Flügeln, deren Muster an das mancher Bohrfliegen (Trypetidae) erinnert. Lang- und kurzflügelige Individuen. **Länge:** 3–3,5 mm. **Lebensweise und Verbreitung:** mediterrane Art, nur im Südosten (Niederösterreich) nach Mitteleuropa hineinreichend. An wärmebegünstigten, nicht zu feuchten Standorten in Beständen hochwüchsiger Gräser.

o.: *Cyphopterum difforme,* Camargue/Provence X.90
u.: *Trypetimorpha fenestrata,* Forcalquier/Provence X.90

Familie Tettigometridae – Käferzikaden

Eine mit hoher Wahrscheinlichkeit monophyletische Gruppe, die u. U. eine Sonderstellung innerhalb der Fulgoromorpha besitzt. Insbesondere paläarktisch verbreitet; auch in der äthiopischen und orientalischen Region; mit etwa 12 Gattungen und 120 Arten. In der Westpaläarktis über 50 Arten angegeben, 15 davon auch aus Mitteleuropa.

Gattung **Tettigometra** Latr.

Kompakt gebaute, deutlich depresse, käferähnliche Formen. Große Formenfülle im Mittelmeergebiet. Von manchen Autoren und in unterschiedlicher Weise in mehrere Gattungen aufgeteilt. Hinsichtlich Artabgrenzung äußerst schwierige Gruppe; hier nur einige Beispiele für Verschiedenartigkeit in Form und Färbung. Die bisher in der Fachliteratur zur Artunterscheidung benutzten Merkmale ± »unzuverlässig«. Zahl der wirklich existierenden Arten daher noch unbekannt. **Längenangaben:** z. B. *T. macrocephala* 5–7 mm; *T. virescens* 3,5–4 mm. **Lebensweise und Verbreitung:** in niederer Vegetation, gelegentlich als Imagines auch auf Bäumen und Sträuchern. Manche Arten stehen im Verdacht, in Ameisennestern aufzuwachsen oder sich hierhin zurückzuziehen. Trophische Beziehung (Nahrungsbeziehung) zu Ameisen, jedoch bei den europäischen Arten nicht sicher erwiesen. Arten unserer Fauna offensichtlich univoltine Imaginalüberwinterer. Die abgebildeten Arten, von denen *Tettigometra macrocephala* eindeutig an dem auffallend langen Scheitel zu erkennen ist, auch in Deutschland. Tettigometriden haben bei uns die Nordgrenze ihrer Verbreitung erreicht; sie sind z. T. nur inselartig (disjunkt) an wärmebegünstigten Stellen anzutreffen.

Tettigometra cf. impressopunctata Duf., Ulm IX.88
Tettigometra macrocephala Fieb., Schloßböckelheim/Nahe V.89
Tettigometra sp., Sommières (F) VIII.89
Tettigometra cf. virescens (Pz.), St. Etienne VIII.89
Tettigometra cf. obliqua (Pz.), Provence VIII. 89

Unterordnung Cicadomorpha (= Cicadiformes)

Familie Cicadidae – Singzikaden

Imagines dieses zweifellos monophyletischen Taxons offenbar die einzigen Zikaden, die mit Trommelorganen Vibrationen erzeugen, die als Schalldruck durch die Luft übertragen werden und mit speziellen Schalldruckrezeptoren (Tympanalorgane) wahrgenommen werden. Larven leben unterirdisch, Vorderbeine zu typischen Grabbeinen umgewandelt. Imagines mit deutlich gegliederter Fühlergeißel als symplesiomorphem Merkmal. Insgesamt über 1100 Arten, insbesondere in den Tropen. Von den zahlreichen Gattungen und Arten im Mittelmeergebiet reichen nur wenige ± weit nach Mitteleuropa hinein.

Cicadetta montana (Scopoli) – **Bergzikade**

Relativ dunkle Art, äußerlich nicht sicher von einigen anderen europäischen *Cicadetta*arten unterscheidbar. **Länge:** 23–28 mm. **Lebensweise und Verbreitung:** Eine der wenigen Arten der Familie, die noch an zahlreichen Stellen in Mitteleuropa vorkommt; bei uns nicht in der Ebene nordwestlich der Mittelgebirge. Exuvien (s. Abb. S. 135 u. l.) oft in der niederen Vegetation. Imagines später in Büschen, in denen ♂♂ gut hörbar singen. Paläarktisch verbreitet. Ähnlich: *Tibicina haematodes* (Scop.) (*Lauer, Zwirner*; in Weinanbaugebieten von Neckar, Main und Nahe), aber erheblich größer (ca. 42 mm).

Cicada orni Linné – **Manna-, Eschenzikade**

Äußerlich nicht sicher von einer Reihe weiterer *Cicada*-Arten unterscheidbar. Insbesondere in Vorderasien mehrere Arten, nur am Gesang unterscheidbar. Schwarze Flecke nahe den Spitzen der Vorderflügel auch bei anderen Zikaden, z. B. einigen orientalischen und ostpaläarktischen Arten. **Länge:** um 35 mm. **Lebensweise und Verbreitung:** Mediterran verbreitet, insbesonders Südfrankreich, Italien, Jugoslawien.

o.: *Cicadetta montana*, Eschwege VI.85
u. l.: Larvenhülle von *C. montana*, Eschwege VI.90
u. r.: *Cicada orni*, Camargue/F. VIII.85

Familie Cercopidae – Schaumzikaden

Sehr formenreiche Familie (von manchen Autoren auch als Überfamilie Cercopoidea geführt), in fast allen zoogeographischen Regionen vertreten; insgesamt etwa 300 Gattungen mit über 1100 Arten, 2 der 4 artenreicheren Untergruppen auch in der Westpaläarktis vertreten: die Aphrophorinae mit derzeit nur 8 Gattungen und knapp 30 Arten (davon noch 4 Gattungen mit ca. 12 Arten in Mitteleuropa) und die Cercopinae mit derzeit 4 Gattungen und 12 Arten (davon noch 2 Gattungen und 5 Arten in Mitteleuropa). Die Larven leben, je nach Untergruppe, oberirdisch (Aphrophorinae) an Pflanzenstengeln oder unterirdisch (Cercopinae) an Wurzeln in einer selbsthergestellten Schaumhülle (»Kuckucksspeichel«) (s. auch S. 42).

Unterfamilie Aphrophorinae

Philaenus spumarius (Linné) – Wiesenschaumzikade

P. spumarius ist das Standardbeispiel für innerartlichen Farb- und Zeichnungspolymorphismus. Genetisch gut untersucht (z. B. Halkka, 1959). Alle Farbmorphen mit eigenen Namen. Von *Neophilaenus*-Arten durch gleichmäßigere, breitere, ovale Körperform sicher zu unterscheiden; viel kleiner als die *Aphrophora*-Arten. In Mitteleuropa eindeutig zu erkennen, da einzige Art der Gattung; von mehreren verwandten Arten aus dem mediterranen Bereich nur durch Bau der männlichen Genitalien unterscheidbar. **Länge:** 5,3–6,9 mm. **Lebensweise und Verbreitung:** sehr häufige, sehr polyphage (über 170 Nährpflanzenarten nachgewiesen!) und eurytope Art. Larven in ihrem Schaum an zahlreichen Pflanzenarten der Niedervegetation unterschiedlichster Lebensräume, aber auch an Büschen. Univoltiner Eiüberwinterer. Erwachsene ab Juli; Paarungen bis spät im Oktober. – Holarktische Art.

Philaenus spumarius,
verschiedene Farbvarietäten
(Berlin, Saarbrücken u. Baden-Baden)

Gattung **Neophilaenus** Hpt.

Artenreichste Gattung der Aphrophorinae in Mitteleuropa. Welche Taxa tatsächlich verschiedene Biospezies und welche nur geographische Rassen oder »Ökomorphosen« einer einzigen Biospezies sind, in mehreren Gruppen noch ungeklärt (z. B. Gruppen um *N. lineatus* u. *minor*). Im Gegensatz zu den Arten von *Philaenus* und *Aphrophora* entwickeln sich die meisten *Neophilaenus*-Arten bevorzugt auf Monokotylen in der Krautschicht. Besonders im Mittelmeerraum übersiedeln die Imagines nach Vertrocknen der Grasvegetation in die Strauch- und Baumschicht. 2 Farb- und Mustertypen: 1. ± hell strohfarben (manchmal flächig verdunkelt) mit weißem und dunklem Längsstreif hinter dem Flügelrand und einer ± ausgeprägten Querfleckung direkt vor der Flügelspitze *(N. lineatus, N. minor)*. 2. mit z. T. querbindiger Fleckung versehener »bunter« Typ *(N. campestris, N. albipennis, N. exclamationis)*. Die meisten *Neophilaenus*-Arten deutlich schlanker als *Philaenus*.

Neophilaenus lineatus (Linné)

Mit großer Variabilität in der Ausprägung des dunklen Flügellängsstreifs; manche Populationen (»var. *aterrimus* Sahlb.«) sind fast einheitlich schwarzbraun. **Länge:** 4,6–6,8 mm. **Lebensweise und Verbreitung:** eine unserer häufigsten Zikaden. An Gramineen und Cyperaceen feuchter bis mittelfeuchter Biotope. Kontrastreich gefärbte Populationen in Hochgras-, einfarbige, sehr schlanke, relativ dunkle in *Eriophorum*-Beständen von Moorflächen. In Dünen sehr große, einheitlich helle Formen. Holarktisch; möglicherweise Gruppe von »Biospezies«.

Neophilaenus minor (Kirschbaum)

Äußerlich nur an der Größe von *N. lineatus* zu unterscheiden; im Gegensatz zu dieser kontrastärmer in der Färbung; Kopf etwas spitzer. **Länge:** 4–5 mm. **Lebensweise und Verbreitung:** vorwiegend an Monokotylen. Besiedler xerothermer Biotope (Sandflächen und Trockenhänge); insbesondere an *Festuca* u. a., westpaläarktisch verbreitet.

o.: *Neophilaenus lineatus,* Marburg VII.89
u.: *Neophilaenus minor,* Marburg VI.90

Neophilaenus campestris (Fallén)

In Anlage und Ausprägung der Dunkelzeichnung ebenso wie folgende Art *(N. albipennis)* sehr variabel. Verlauf der mittleren Flügelbinde des abgebildeten Exemplars keineswegs arttypisch. Unterschiede zu den anderen mitteleuropäischen *Neophilaenus*-Arten vor allem in den Proportionen des Vorderkörpers. **Länge:** 3,5–6 mm. **Lebensweise und Verbreitung:** polyphage Art. Entwicklung der Larven in der Krautschicht, bei uns besonders an wärmebegünstigten Standorten. Bei sommerbedingtem Vertrocknen der Niedervegetation steigen die Imagines in die Baum- und Strauchschicht und besiedeln dann auch Coniferen *(Juniperus, Pinus)*. Westpaläarktische Art, die nur im Norden fehlt; im Mittelmeergebiet sehr häufig.

Neophilaenus albipennis (Fabricius)

Die Art (der Gattung) mit der am weitesten und auffallendsten ausgedehnten weißlichen Färbung und damit deutlich kontrastierender Dunkelzeichnung. **Länge:** 4,5–6,5 mm. **Lebensweise und Verbreitung:** bei uns (monophager?) Besiedler von *Brachypodium pinnatum*; meist an wärmebegünstigten Standorten, auch in höheren Lagen. Paläarktisch verbreitet. Bei uns im Norden sowie in Skandinavien und England fehlend.

o.: *Neophilaenus campestris*, Berlin VIII.89
u.: *Neophilaenus albipennis*, Eschwege VII.89

Gattung **Aphrophora** Germ.

Mit 5 Arten in Mitteleuropa. Larven in Kraut- und Staudenflur sowie auf Laubholz (»tränende Weiden«). Neben 3 kontrastarm gefärbten (*A. costalis* Mats., s. Abb., *A. salicina* Gz. und die sehr große *A. alpina* Mel.) eine fleckig gemusterte (*A. alni* F., s. Abb.) und eine »kiefernknospenfarbige« (*A. corticea* Germ.). Alle Arten deutlich größer als die der Gattungen *Philaenus* und *Neophilaenus*. Von *Lepyronia* (s. u.) u. a. durch schlankere Flügel verschieden.

Aphrophora costalis Matsumura ⚠

Mit deutlich gelbem, unterschiedlich ausgeprägtem Fleck am Vorderrand des Vorderflügels. Kann mit der nicht abgebildeten *A. salicina* (Gz.) – mit noch geringerer Zeichnung – verwechselt werden. **Länge:** 9,5–11 mm. **Lebensweise und Verbreitung:** lebt vorzugsweise an Grau-Weiden. Paläarktische Verbreitung.

Aphrophora alni (Fallén) – **Erlenschaumzikade**

Von allen anderen süd- und mitteleuropäischen Arten der Gattung durch am Flügelvorderrand dunkel begrenzte helle Flecke und kurzen, stumpfen Scheitel unterschieden. **Länge:** 8–10 mm. **Lebensweise und Verbreitung:** eurytope und relativ polyphage Art deutlich feuchterer Biotope; Waldränder, Erlenbrüche. Univoltiner Eiüberwinterer; Paarung bis spät im Herbst. Paläarktische Art, weit verbreitet und häufig.

Lepyronia coleoptrata (Linné)

In der Westpaläarktis derzeit einzige Art der Gattung. Geringe Variabilität der dunklen Flügelzeichnung. Kleiner, runder, gewölbter und breitflügeliger als *Aphrophora*. **Länge:** 5–7 mm. **Lebensweise und Verbreitung:** eurytop und euryök. Polyphag in der Krautschicht. Univoltiner Eiüberwinterer. Paläarktisch. In Europa weit verbreitet, nach Süden zu immer häufiger, nach Nordwesten seltener. In Skandinavien etwa bis Mittelschweden.

o.: *Aphrophora costalis*, Berlin VIII.88
l. u.: *Aphrophora alni*, Berlin VIII.88
r. u.: *Lepyronia coleoptrata*, Ulm X.88

Unterfamilie Cercopinae

Alle unsere Arten der Unterfamilie im Gegensatz zu unseren Aphrophorinen rot und schwarz gezeichnet. Larven unterirdisch lebend und auch überwinternd. Entwicklungsdauer unbekannt, möglicherweise nur einjährig. In der Westpaläarktis wesentlich mehr endemische Taxa als in der Ostpaläarktis, dennoch auch hier insgesamt artenarm (ca. 12 Arten). In den Tropen artenreich, einige Taxa dort schädlich auf Pflanzenanbauflächen.

Gattung **Cercopis** F.

4 Arten, von denen 3 einander sehr ähnlich sind, reichen aus dem Mittelmeergebiet ± weit nach Mitteleuropa hinein.

Cercopis vulnerata Rossi – **Blutzikade**

In Mitteleuropa häufigste und am weitesten verbreitete Art der Gattung. Kenntlich an tief ausgebuchteter roter Binde vor dem Ende der Vorderflügel. Diese bei den 3 anderen mitteleuropäischen Arten nur flach gebogen (s. u.). **Länge:** 9–11 mm. **Lebensweise und Verbreitung:** häufig, meist in der niederen Vegetation von Weg- und Feldrändern, sowie ± feuchten Wiesen. In Norddeutschland selten bis fehlend, im Mittelmeergebiet meist nur in höheren Lagen. Larvalüberwinterer. Europäische Art.

Cercopis vulnerata, Berlin VI.90

Cercopis sanguinolenta (Scopoli)

Rote Binde nahe Flügelspitze flach; Merkmal, das aber auch bei *C. intermedia* Kb. (mit roten) und *C. arcuata* Fieb. (mit schwarzen Knien und einfarbig roter Unterseite der Connexiv-Abschnitte, die bei *C. sanguinolenta* einen ± ausgedehnten schwarzen Mittelfleck tragen) auftritt. **Länge:** 6–10 mm. **Lebensweise und Verbreitung:** in Mitteleuropa inselartige Vorkommen (wärmebegünstigte Standorte) bis in Gebiete nördlich des Mains. Seltener als *C. vulnerata*. Südosteuropäische Art.

Haematoloma dorsatum (Ahrens)

Deutlich kleinere, dichter und sehr fein behaarte Art. Von den obigen Arten durch roten Flügelvorderrand, der nur bei sehr dunklen Exemplaren schwarz sein kann, unterschieden. Altersbedingte Unterschiede in der Intensität der roten Farbe. **Länge:** 6,5–7,5 mm. **Lebensweise und Verbreitung:** Imago auf Kiefern, im Mai, Juni, ausklingend im August. Einer der Fälle deutlicher Ausdehnung des Verbreitungsgebietes einer Art (Arealexpansion) in historisch kurzer Zeit: *H. dorsatum* ist aus dem mediterranen Gebiet zwischen 1930 und 1940 bei uns eingewandert und hat sich (kontinuierlich?) nach Norden und Osten ausgebreitet. Die Nordostgrenze ihres Vorkommens verläuft derzeit von den Ostfriesischen Inseln über das Weser-Ems-Gebiet und Hessen nach Westbayern (östliche Rhön) und Baden-Württemberg. Es wäre lohnend, das weitere Auftreten dieser Art zu beobachten und zu dokumentieren.

o.: *Cercopis sanguinolenta*, Schloßböckelheim/Nahe V.89
u.: *Haematoloma dorsatum*, Marburg VI.90

Familie Membracidae – Buckelzirpen

Mit stark geneigtem Kopf und hochgewölbtem Halsschild; an diesem verschiedene, bei tropischen Arten z. T. hochkompliziert gebaute Fortsätze, die den Körper an Größe übertreffen können. Weltweit ca. 3000 Arten; bei uns artenarm: nur 3 mitteleuropäische und einige weitere mediterrane.

Gargara genistae (Fabricius)

Kleinste der bei uns vorkommenden Buckelzirpen. Ähnlich wie *Centrotus*, aber keine seitlichen Hörner am Halsschild, dessen Fortsatz verläuft nicht wellenförmig. **Länge:** 3–4 mm. **Lebensweise und Verbreitung:** an Leguminosen, insbesondere *Sarothamnus*. Eiüberwinterer, univoltin. Sehr weit verbreitet.

u.: *Gargara genistae,* Berlin VIII.88
r.: *Centrotus cornutus,* Eschwege VI.89

Centrotus cornutus (Linné) – **Buckelzirpe, Dornzikade**

Größer als *Gargara*. Halsschild mit deutlich ausgeprägten seitlichen Hörnern und wellenartig geschwungenem Fortsatz. Weitere Arten im Mittelmeergebiet. **Länge:** 7–9,5 mm. **Lebensweise und Verbreitung:** an diversen Stauden und Sträuchern. Larvalüberwinterer. Paläarktische Art, bei uns mit 2jährigem Entwicklungszyklus.

Stictocephala bisonia Kopp et Yonke – **Büffelzirpe** (früher Ceresa bubalus auct. nec (Fabr.))

Anfang dieses Jahrhunderts aus den USA nach Europa eingeschleppt und inzwischen nicht nur hier, sondern auch in Nordafrika und bis Mittelasien eingebürgert.
Durch ihre grüne Färbung, mächtige Halsschildseitendornen und sehr viel breiteren, nach hinten gerichteten Fortsatz nicht mit anderen europäischen Arten zu verwechseln. **Länge:** 6–8 mm. **Lebensweise und Verbreitung:** vor allem in anthropogen veränderten, gestörten Biotopen auftretend. Saugt an Leguminosen (z. B. Luzerne) und anderen Stauden (z. B. *Solidago*). Eier werden portionsweise in festerem Substrat (z. B. Schlehenzweige, junge Zweige von Obstbäumen) in selbstgefertigten Rindenschlitzen abgelegt. Zahlreiche derartige Schlitze können dicht beieinanderliegen; das pflanzliche Gewebe wird zu Wucherungen angeregt, wobei phytopathogene Keime eindringen und die Pflanzen schädigen können. Bei uns derzeit Ausbreitung nach Norden. Im Rheintal bereits stellenweise häufig.

o.: *Stictocephala bisonia,* Imagines Freiburg VIII.88 (O. Hoffrichter leg.)
u.: Larve (aus Zuchten von H. Strübing, VII.90)

Familie Cicadellidae (= Jassidae) – Zwergzikaden

Kleine bis mittelgroße Arten. Mit oft sehr langen, vierkantigen Hintertibien und einer Dornenreihe an jeder dieser Kanten. Unterteilung der Cicadellidae derzeit noch kontrovers, da es völlig unterschiedliche, phylogenetisch-systematisch nicht begründete Ansichten hierüber gibt. Hier wird einer rein klassifikatorischen Einteilung in verschiedene Unterfamilien gefolgt. – Mit über 8500 bekannten Arten weltweit in fast allen tiergeographischen Regionen verbreitet.

Unterfamilie Ulopinae

Vermutlich nicht monophyletische Gruppierung von Taxa mit relativ vielen plesiomorphen Merkmalen. In der Westpaläarktis nur 3–4 Gattungen mit ca. 7–10 Arten.

Gattung **Ulopa** Fall.

Die höchstwahrscheinlich monophyletische Gattung enthält 2 Artengruppen, die sehr unterschiedlich aussehen: die *U. reticulata-Gruppe*, derzeit mit *U. reticulata* F. und *U. carneae* Wgn. (nicht sexualdimorph, Färbung abgestorbener Heidetriebe) und die *U. trivia-Gruppe* mit derzeit 2 oder 3 Arten (sexualdimorph: ♂♂ klein, hell mit ± dunklen schrägen Streifen; ♀ größer, ± einfarbig braungrau). Flugunfähige Individuen mit zwar körperbedeckenden Vorder-, aber verkürzten Hinterflügeln überwiegen, vereinzelt aber auch makroptere anzutreffen.

Ulopa reticulata (Fabr.)

Von der Form und Farbe her bei uns mit keiner anderen Zikadenart zu verwechseln, nur die alpine *U. carneae* Wgn. gleicht ihr. **Länge:** 3–4 mm. **Lebensweise und Verbreitung:** auf und unter Heidekräutern (bei uns *Calluna vulgaris*), besitzt eine entsprechende Tarnfärbung (Synchromatismus). 2jährige Entwicklungsdauer, überwintert als Junglarve und nochmals als Imago. Europäisch verbreitete Art.

Ulopa reticulata
o.: Imagines
u.: Larve, Marburg IX.88

Unterfamilie Ledrinae

In den Tropen artenreiche Gruppe, deren oft relativ großwüchsige Taxa durchweg auf Büschen und Bäumen (oft auf der Rinde) leben. In Europa nur:

Ledra aurita (Linné) – **Ohrzirpe**

Durch Größe und ohrförmige Fortsätze des Halsschildes mit keiner anderen europäischen Zikade zu verwechseln. **Länge:** ♂ 13 mm, ♀ 15–18 mm. **Lebensweise und Verbreitung:** bei uns einzige Zikadenart, die an das Leben auf Baumrinde angepaßt ist. Auf diversen Laubholzarten. Eine der wenigen Zikaden mit mehrjähriger Larvalentwicklung: erste Überwinterung als junge, zweite als ältere Larve. Die relativ kurzlebigen Imagines ab Juli/August, meist in den Baumkronen. Fliegen nachts oft ans Licht. Paläarktisch verbreitet.

Unterfamilie Agalliinae

Weltweit verbreitet, in der Westpaläarktis ca. 50–60 Arten, je nach Autor in 3–7 Gattungen unterteilt (Monophylum?). In Mitteleuropa nur ca. 10 Arten.

Anaceratagallia ribauti (Ossiannilsson) ⚠

Beispiel für eine Gruppe relativ bodennah lebender, rein äußerlich nicht unterscheidbarer Arten. ♀ größer und heller als ♂. Bau des männlichen und, weniger deutlich, des weiblichen Geschlechtsapparates charakteristisch für die Arten der Gattung. **Länge:** 2,7–3,4 mm. **Lebensweise und Verbreitung:** bei uns auf offenen, wärmebegünstigten, sandigen Böden; oft unter Zwergsträuchern *(Thymus)*. Bei uns vermutlich univoltin; zumindest weibliche Imagines überwinternd. Westpaläarktische Art.

o.: *Ledra aurita*, Berlin IX.87
u.: *Anaceratagallia ribauti*, Berlin VIII.88

Unterfamilie Idiocerinae

Artenreiche Gruppe, allein in Mitteleuropa über 25 Arten. Durchweg schlank keilförmige Körperform: Der kurze Kopf ist breiter als der übrige Körper. ♂♂ der meisten Taxa mit verbreitertem, flachem Ende der Fühlerborste (»Palette«). Alle Taxa Laubholzbesiedler, bis auf die Arten der Gattung *Rhytidodus* univoltin. Überwinterung bei vielen Taxa als Ei, bei den anderen als Imago (dazu oft Wanderungen auf immergrüne Pflanzentaxa). Grad der Aufteilung in Gattungen je nach Bearbeiter unterschiedlich gehandhabt: Die hier als Untergattungen von *Idiocerus* in Klammern geführten Einheiten bisweilen als Gattungen gewertet. Innerhalb mancher dieser Teilgruppen Schwärme einander sehr ähnlicher Arten (Artbestimmung dort schwierig), diese jedoch häufig dann auf unterschiedliche Nährpflanzen spezialisiert (sehr viele monophage oder mindestens oligophage Taxa). Bei manchen grüngefärbten Arten treten auch Individuen mit rötlicher Körperfarbe auf.

Idiocerus (Populicerus) populi (Linné)

Häufigste der 5 europäischen *Populicerus*arten, einer holarktisch verbreiteten Gruppe, deren Taxa vorwiegend auf Pappelarten (einige auch auf *Salix*) leben. Form und Färbung etwas sexualdimorph. **Länge:** 5–6,5 mm. **Lebensweise und Verbreitung:** Nährpflanze ist *Populus tremula*; besiedelt dort auch Espengebüsche; häufige Art. Eiüberwinterer. Paläarktisch verbreitet.

Idiocerus populi
verschiedene Farbmorphen, Berlin IX.89

Idiocerus (Populicerus) laminatus Flor

Von ähnlichen Farbformen des *I. populi* (S. 159) durch die vor dem Endteil des Vorderflügels hinter dem Ende des Clavus befindliche helle Querbinde unterschieden. **Länge:** 5,8–7 mm. **Lebensweise und Verbreitung:** monophag an Espe *(Populus tremula)*, bevorzugt auf Espenbäumen. Eiüberwinterer. Paläarktisch verbreitet.

Idiocerus (Populicerus) nitidissimus (Herrich-Schäffer, 1835)

Grüne Art, meist ohne ausgeprägte Dunkelzeichnung; normalerweise auch das Schildchen hell. **Länge:** 5,5–6,8 mm. **Lebensweise und Verbreitung:** monophag an *Populus nigra*, den Anpflanzungen von Schwarz- (und Pyramiden-) Pappel gefolgt, daher relativ verbreitet. Eiüberwinterer. Paläarktisch verbreitet.

o.: *Idiocerus laminatus*, Marburg VII.89
u.: *Idiocerus nitidissimus*, Berlin VII.89 (M. Mierke leg.)

Idiocerus (Populicerus) confusus Flor

Sommertiere hellgrün, nur im Herbst Individuen mit dunklerer Zeichnung. **Länge:** 5–7 mm. **Lebensweise und Verbreitung:** an graublättrigen Weiden *(Salix cinerea, caprea, aurita)*, meist häufig. Eiüberwinterer. Paläarktisch (ohne den Süden der Westpaläarktis).

Idiocerus (Populicerus) albicans Kirschbaum

Der »Silberpappel-Besiedler« dieser Verwandtschaftsgruppe, deren weitere Arten (s. o.!) an Schwarz-Pappel, Espe und Weiden leben. In Anpassung an die Farbe der Nährpflanze besitzt die Art ein vergleichsweise helles, mattes, wie bereift erscheinendes Aussehen bei Fehlen von deutlich grünen oder braunen Zeichnungselementen der Oberseite. **Länge:** 5,4–7 mm. **Lebensweise und Verbreitung:** auf Pappeln mit silbrigweißen Blättern *(Populus alba, P. x canescens)*. Eiüberwinterer. Adulte von Juli bis September. Paläarktisch verbreitet, fehlt aber stellenweise im Norden (z. B. Norwegen); auch in die Nearktis verschleppt.

Idiocerus (Viridicerus) ustulatus (M. et R.)

Viel kleiner als *I. albicans*, deutlich grün mit typischer Braunzeichnung der Oberseite. **Länge:** 4,1–4,8 mm. **Lebensweise und Verbreitung:** wie *I. albicans* an Silber-Pappel. Univoltiner Imaginalüberwinterer. Mediterrane Art, die stellenweise weit nach Mitteleuropa hineinreicht.

o.: *Idiocerus confusus*, Reinbek VIII.88
u. l.: *Idiocerus albicans*, Berlin VIII.90
u. r.: *Idiocerus ustulatus*, Berlin VIII.90

Idiocerus (Idiocerus) lituratus Fallén ⚠

Taxon einer Gruppe sehr ähnlicher Arten (*I. vicinus* Mel., *I. similis* Kbm.). **Länge:** 5,3–6,6 mm. **Lebensweise und Verbreitung:** an graublättrigen Weiden, besonders *Salix cinerea* und *aurita*. Stellenweise häufig. Univoltiner Eiüberwinterer; gelegentlich überwintern auch einzelne ♀♀. Paläarktisch verbreitet (ohne den Osten).

Idiocerus (Idiocerus) stigmaticalis Lewis

An der speziellen Aderung des Vorderflügels von nahe verwandten Arten zu unterscheiden: Vordergrenzen der Apikalzellen des Vorderflügels auf einem Niveau. Alte, ausgefärbte ♂♂ mit gelb gefärbtem Vorderflügel-Vorderrand (Gegensatz zu allen anderen Arten). **Länge:** 6–7,2 mm. **Lebensweise und Verbreitung:** an mehreren *Salix*arten, sowohl glatt- als auch graublättrigen. Eiüberwinterer; univoltin. Europäisch-nordwestafrikanische Art.

u.: *Idiocerus lituratus*, Sarrealbe/Lorraine VII.90
r.: *Idiocerus stigmaticalis* o.: ♂ u.: ♀, Berlin VIII.89

Idiocerus (Tremulicerus) tremulae (Estlund)

Mit ausgeprägter, gleichmäßig breiter bräunlicher Querbinde in der Mitte des Vorderflügels bei anderen Arten nur unvollständig und nicht gleichbreit). **Länge:** 4,7–6 mm. **Lebensweise und Verbreitung:** nicht in allen Beständen der Nährpflanze *Populus tremula* vorhanden. Bevorzugt (wie z. B. *I. laminatus*) Espenbäume gegenüber Espengebüsch. Univoltin; Überwinterungsmodus nicht eindeutig geklärt. Westpaläarktisch, wohl mit ihrer Nährpflanze verbreitet.

Idiocerus (Tremulicerus) distinguendus Kirschbaum ⚠

Silberpappel-Synchromatismus. Leicht mit *I. vitreus* (Fbr. sensu Ribaut, nicht abgebildet) zu verwechseln, jedoch Unterschiede in der Fühlerfarbe und in der Nährpflanze (*I. distinguendus* an Silber-, *I. vitreus* an Schwarz-Pappel). **Länge:** 4,4–5,5 mm. **Lebensweise und Verbreitung:** monophag an Silber-Pappel *(Populus alba)*, mit dieser in die Nearktis und nach Neuseeland verschleppt. Bei uns offenbar univoltiner Eiüberwinterer. In Europa außer Fennoskandia verbreitet.

o.: *Idiocerus tremulae*, Berlin VII.89
u.: *Idiocerus distinguendus*, Berlin VIII.88

Idiocerus (Metidiocerus) impressifrons Kirschbaum

Mit typischer Fleckung; bei uns mit keiner anderen Art der Gattung zu verwechseln. Besonders charakteristisch der große, helle Fleck in der Flügelmitte, sowie bei ausgefärbten ♂♂ 2 schwarze Längsstriche im Gesicht. **Länge:** 4,6–5 mm. **Lebensweise und Verbreitung:** besonders an Flußufern an schmalblättrigen *Salix*arten. Univoltiner Imaginalüberwinterer.

Idiocerus (Metidiocerus) rutilans Kirschbaum

Kupferrötlich gefärbt. Erwachsene, überwinterte ♂♂ mit auffallend einfarbig gelbem Gesicht. **Länge:** 4,7–5 mm. **Lebensweise und Verbreitung:** besonders an Sal-Weide *(Salix caprea)* und gelegentlich anderen Weidenarten. Univoltin, beide Geschlechter überwintern als Imagines. Von der Mongolei bis nach Westeuropa verbreitet, fehlt offenbar im Norden und Süden der Westpaläarktis.

Idiocerus (Acericerus) rotundifrons Kirschbaum ⚠ (sensu Ribaut)

Auffällig schwarzweiße Zeichnung der Längsadern (Vorderflügel) (wie bei allen Arten der Untergattung *Acericerus*). Arten dieser Untergattung (♂♂ mit sehr auffälliger Gesichtszeichnung) schwer zu unterscheiden. **Länge:** 5,4–4,9 mm. **Lebensweise und Verbreitung:** an Ahorn (*Acer campestre* und *monspessulanum*). Von Südost- nach Mitteleuropa hereinreichend. Verbreitungsnordgrenze bei uns im Mittelgebirgsraum; auch hier und nördlicher davon nur noch an wärmebegünstigten, niedrig gelegenen Stellen. Univoltiner Imaginalüberwinterer.

Idiocerus (Acericerus) heydeni Kirschbaum ⚠

Etwas größer als vorige; wenig farbvariabel. **Länge:** 6,1–6,5 mm. **Lebensweise und Verbreitung:** auf Ahornarten *(Acer pseudoplatanus, monspessulanum, campestre)*. Univoltiner Imaginalüberwinterer. Von Südosten nach Mitteleuropa hinein verbreitet; fehlt offenbar im Norden.

l. o.: *Idiocerus impressifrons*, Berlin VIII.88
r. o.: *Idiocerus rutilans*, Berlin VIII.88
l. u.: *Idiocerus rotundifrons*, Berlin IX.89
r. u.: *Idiocerus heydeni*, Berlin VII.88

Rhytidodus decimusquartus (Schrank)

Große, breitköpfige, depresse Art. Pronotum und Scutellum beim ♂ schmutziggelb und mit bräunlicher Querfleckung, beim ♀ meist braungelb, ungefleckt oder mit diffusen bräunlichen Flecken. Färbung auch abhängig von Aufwuchsbedingungen und Jahreszeit. Bei uns die einzige Art der Gattung. Zahlreiche weitere Arten im Osten (Mittelasien, eine bereits in der CSFR und Niederösterreich). **Länge:** 5,5–7,5 mm. **Lebensweise und Verbreitung:** monophager Schwarzpappel-Besiedler. Imaginalüberwinterer; im Süden bivoltin. In Europa (ohne den Norden) und Nordwestafrika verbreitet; inzwischen weit verschleppt (Nordamerika, Neuseeland).

Balcanocerus larvatus (Herrich-Schäffer) (= Idiocerus notatus Fabricius; n. pr.)

Gedrungenste und am wenigsten depresse Artengruppe der Unterfamilie. Fehlende helle Verbindung zwischen großem und kleinem hellen Fleck auf der Flügelmitte typisch für *B. larvatus* (bei der sehr ähnlichen *B. pruni* Rib. vorhanden). Ebenfalls Unterschiede in Gesichtszeichnung und Genitalarmatur der ♂♂. **Länge:** 4–4,6 mm. **Lebensweise und Verbreitung:** lebt an Schlehe. Univoltiner Eiüberwinterer. (*B. pruni:* Imaginalüberwinterer). In Europa ohne den Norden und Großbritannien, in Mitteleuropa derzeitige Nordwestgrenze im Bereich der Mittelgebirge zwischen Main und Harz.

o.: *Rhytidodus decimusquartus,* St. Rémy/Provence X.90
u.: *Balcanocerus larvatus,* Marburg VII.90

Unterfamilie Macropsinae

Eine weltweit verbreitete, wahrscheinlich monophyletische Gruppe, deren Arten sowohl auf Laubholzarten unterschiedlichster Familien (in Europa z. B. Ulmaceen, Tiliaceen, Rosaceen, Corylaceen, Betulaceen und besonders Salicaceen), als auch auf Stauden und Zwergsträuchern (Urticaceen, Compositen) leben. In der Westpaläarktis derzeit 5 Gattungen unterschieden, die sämtlich auch in Mitteleuropa mit einer oder mehreren (bis vielen) Arten vertreten sind. Insgesamt dürfte in Mitteleuropa mit über 30 Arten zu rechnen sein. Die Artunterscheidung ist in einigen Gruppen noch nicht sicher möglich. In mehreren Verwandtschaftsgruppen existieren in Färbung und Zeichnung ausgedehnt und ± parallel variierende Taxa. Soweit bekannt, überwintern alle mitteleuropäischen Arten im Eistadium, die meisten sind zudem univoltin.
Die Bestimmung der Arten nur nach Habitusabbildungen ist bei *Oncopsis* Burm. überhaupt nicht, bei *Macropsis* Lew. nur bei einigen wenigen Arten (*M. mulsanti* Kbm., *M. megerlei* Fieb., beide seltene »Ökospezialisten« und hier nicht gezeigt) möglich.

Gattung **Oncopsis** Burm.

Gruppe nahe verwandter, in Färbung und Zeichnung z. T. hochvariabler Arten, nur vom Fachmann (u. a. am Gesang der ♂♂) zu unterscheiden. In Mitteleuropa derzeit 7, vermutlich aber noch weitere Arten. **Längen:** Um 5 mm. **Lebensweise:** die meisten Arten der Gattung *Oncopsis* auf Birke (6), 1–2 auf Erle, 1 auf Hasel, 1 auf Hainbuche. Alle sind univoltin, einige für laubholzbesiedelnde Eiüberwinterer sehr früh im Jahr (Mai) erwachsen: die Larven schlüpfen bereits beim Aufbrechen der Knospen.

Oncopsis flavicollis-Gruppe, Berlin V. u. VIII.89
(Beispiele für hohe Farb- und Zeichnungsvariabilität)

Oncopsis alni (Schrank) ⚠

Aufgrund hoher Zeichnungsvariabilität nicht ohne weiteres von anderen Arten unterscheidbar. Etwas flacherer Kopf und etwas größer als andere Arten. **Länge:** 5,2–6 mm. **Lebensweise und Verbreitung:** spezialisiert auf Schwarz- und Grau-Erle, dort fast immer die einzige Art der Gattung. Paläarktische Art.

Gattung **Macropsis** Lew.

Artenreichste Macropsinengattung in Mitteleuropa (mind. 20 Arten), mit Ausnahme von *M. scutellata* (Boh.), (an Brennessel), sind alle Laubholzbesiedler: an Ulmen, Rosen und Sanddorn je 1, an Him- und Brombeeren sowie den Pappelarten jeweils 3 und an Weidenarten mindestens 10 weitere Arten.

Macropsis fuscinervis (Boheman)

Wenn dunkle Flügelzeichnung vorhanden, dann auch als Querband auf Queradern der Subapikalzellen-Basis; tritt auch bei 2 weiteren pappelbesiedelnden Arten (*M. graminea* F. an Schwarz-, *M. vicina* Hv. an Silber-Pappel) auf, die dadurch von ähnlichen weidenbesiedelnden Arten verschieden sind. **Länge:** 4–5,8 mm. **Lebensweise und Verbreitung:** monophag an Zitter-Pappel *(Populus tremula)*; an den meisten Standorten der Pflanze anzutreffen. Paläarktische Art.

Macropsis fuscula (Zetterstedt)-Gruppe ⚠

Gruppe ähnlicher Arten. Braun; ± ungezeichnete Flügel, aber deutliche Dunkelfleckung auf Scutellum und Gesicht. Arten der *M.- fuscula*-Gruppe (in Deutschland 3) schwer unterscheidbar! **Länge:** 4–5,5 mm. **Lebensweise und Verbreitung:** *M. fuscula* und die nur im äußersten Westen der (alten) BRD gefundene *M. scotti* (Sc.) leben an *Rubus*-Arten, M. scutellata (Boh.) an Brennnessel. Alle sind univoltine Eiüberwinterer. *M. fuscula* ist paläarktisch verbreitet; nach Nordamerika verschleppt.

o.: *Oncopsis alni*, Berlin VII.89
l. u.: *Macropsis fuscinervis*, Berlin VII.89
r. u.: *Macropsis fuscula*, Berlin VIII.89

Macropsis glandacea (Fieber) ⚠

Innerhalb der Gattung relativ kleine Art. Grün, braun oder gemischt gefärbt. In der gelblich-braunen Form von allen anderen Arten der Gattung zu unterscheiden; evtl. zu verwechseln mit *Pediopsis tiliae*, die aber deutlich größer und vorne »gerundeter« ist (s. Abb. S. 181). **Länge:** 4–5 mm. **Lebensweise und Verbreitung:** lebt an Ulmen. Vermutlich westpaläarktisch verbreitet, in Nordeuropa fehlend.

Macropsis marginata (Herrich-Schäffer) ⚠

Eine der hochgradig farbvariablen Arten des »*Salix*-Besiedler-Sets« dieser Gattung. ♂♂ und dunkel gefärbte ♀♀ an Färbung und Zeichnung erkennbar, grün gefärbte nicht. **Länge:** 4,5–5 mm. **Lebensweise und Verbreitung:** monophag an Purpur-Weide *(Salix purpurea)*. Paläarktische Verbreitung.

Macropsis infuscata (J. Sahlberg) ⚠

Eine weitere, deutlich sexualdimorphe und darüber hinaus farbvariable Art; relativ groß, Oberseite relativ »matt«. **Länge:** 4,1–5,8 mm. **Lebensweise und Verbreitung:** monophag an Sal-Weide *(Salix caprea)*. Westpaläarktisch verbreitet.

l. o.: *Macropsis glandacea*, Berlin VIII.88
r. o.: *Macropsis marginata*, Berlin VI.89
r. u.: *Macropsis infuscata*, Berlin VII.89

Pediopsis tiliae (Germar)

Den anderen Gattungen der Unterfamilie ähnlich, Vorderkörper jedoch deutlich höher und »gerundeter«; Scheitel, von oben gesehen, sehr kurz, fast völlig vom vorgewölbten Halsschild überragt. Mit charakteristischer Farbverteilung; in unserer Fauna evtl. nur mit der (viel kleineren) gelb-braunen Form von *Macropsis glandacea* zu verwechseln (s. Abb. S. 179 o. l.). **Länge:** 5,1–5,9 mm. **Lebensweise und Verbreitung:** monophag an Linde *(Tilia cordata)*. Paläarktische Art.

Unterfamilie Iassinae

Diese z. B. in den Tropen der Alten Welt sehr artenreiche Unterfamilie ist in der Westpaläarktis nur durch wenige Arten aus nur 2 Gattungen vertreten, von denen bei uns die Arten der einen (*Iassus* F.) an Laubhölzern (Ulme, Eichen), die der anderen (*Batracomorphus* Lew.) an Stauden und Zwergsträuchern (*Helianthemum, Sarothamnus*) leben (s. Abb. S. 182 u. 183).

Iassus scutellaris (Fieber)

Eine der beiden bei uns vorkommenden, zeichnungsvariablen und sehr ähnlichen Arten der Gattung (in Ungarn und im ostmediterranen Gebiet 3. Art: *Iassus mirabilis* Or.). Unsere beiden Arten sind am einfachsten aufgrund der unterschiedlichen Nährpflanzen zu unterscheiden (s. unten). Morphologische, nicht leicht zu erkennende Unterschiede in der Form des Scheitels. Etwas schlanker und graziler als *I. lanio*; Grün der Flügel immer ein wenig transparenter (gilt nicht für mediterrane Formen). **Länge:** 6–7,5 mm. **Lebensweise und Verbreitung**: monophag an Ulme. Univoltiner Eiüberwinterer. Westpaläarktisch; fehlt in Nordeuropa.

Pediospis tiliae, Marburg VII.90

Iassus lanio (Linné)

Färbung ähnlich variabel wie bei *I. scutellaris*; manchmal auch ganz braun. Etwas robuster gebaut als jene; Flügel stärker opak. **Länge:** 7–8,5 mm. **Lebensweise und Verbreitung**: besiedelt Eichen, bei uns überall häufig. Ebenfalls univoltiner Eiüberwinterer. In der Paläarktis weitverbreitet.

u.: *Iassus scutellaris*, Berlin VIII.88
r.: *Iassus lanio*
o.: ♂
u.: ♀, Berlin VIII.89

Unterfamilie Typhlocybinae

Wahrscheinlich monophyletische Unterfamilie. Ocellen fehlen den meisten Arten (trotz Flugfähigkeit). Zellinhaltssauger; Darm ohne Filterkammer, keine Symbionten mehr. Durchweg kleine und meist sehr schlanke Formen (z. T. um 2 mm lang, keine mitteleuropäische Art erreicht 5-mm-Länge). Fast alle ausschließlich macropter, nur in Südeuropa 2 mit verkürzten Hinterflügeln. Viele laubholzbesiedelnde Verwandtschaftsgruppen und andere, deren Arten ausschließlich in der Niedervegetation an Stauden und Zwergsträuchern leben. Einige »vermittelnde« (einige Arten auf Laubholz, andere an Zwergsträuchern) und auch einige, deren Arten auf Koniferen, Monokotylen oder sogar Farne spezialisiert sind. Sehr artenreich in der Westpaläarktis, derzeit mit rund 50 Gattungen und ungefähr 450 Arten vertreten (davon über 30 Gattungen mit über 150 Arten auch in Mitteleuropa). In vielen Gruppen Artunterscheidung schwierig (oft nur nach Genitalarmatur der ♂♂ bestimmbar).

Gattung **Alebra** Fieb.

Einzige europäische, monophyletische Gattung eines ansonsten nur durch Symplesiomorphien (Vorderflügel mit Membran, Ocellen mindestens noch rudimentär vorhanden) gekennzeichneten »Tribus Alebrini«: in Mitteleuropa mehrere ähnliche Arten, einige sehr farbvariabel. Neben 3 weißlichgelben Arten *(A. wahlbergi, coryli, neglecta)* 2 ± olivgrüne mit hellen und roten Streifen *(A. albostriella, viridis)*. Einige Arten bisweilen mit dunklen Querbinden. Farben im Leben eines Individuums unveränderlich. Alle Arten sind Laubholzbesiedler, überwintern im Eistadium; die meisten bei uns wohl nur univoltin.

Alebra albostriella (Fallén)-Gruppe ⚠

Die (in Mitteleuropa mindestens 2) Arten dieser Gruppe bei uns vorwiegend an Eichen. Arten dieser und der folgenden Gruppe vom Nichtspezialisten nicht unterscheidbar; Unterschiede praktisch nur in den Gesängen der ♂♂. **Länge:** 3,2–4,5 mm.

r. und S. 186: *Alebra albostriella,* Berlin VIII.88 u. VIII.89

Alebra wahlbergi (Boheman) ⚠

Von der ebenfalls gelben *A. coryli* LeQu. (an Hasel) ist die polyphage *A. wahlbergi* nur durch den Bau der Singapparatsapodeme der ♂♂ zu unterscheiden. (Ebenfalls gelb, aber etwas schlanker und mit abweichendem Bau der männlichen Genitalarmatur ist *A. neglecta* Wgn. von Hainbuche und Weißdorn). **Länge:** 3,6–4,5 mm. **Lebensweise und Verbreitung:** mindestens im Süden bivoltin. Sie lebt vorwiegend an Linde, Hainbuche, Ahorn, Weißdorn, aber auch an Ulme, Schlehe, Birke, Hasel u. a. Verbreitung wahrscheinlich europäisch – vorderasiatisch.

Alebra wahlbergi, Marburg VII.90

Dikraneura variata Hardy

Durch (von dorsal gesehen) relativ großen, langen und spitzen Kopf von ähnlichen Arten (mit Ausnahme der in Deutschland noch nicht nachgewiesenen *D. aridella* J. Sahlb.) zu unterscheiden. Oliv-graue Färbung charakteristisch. **Länge:** 2,9–4 mm. **Lebensweise und Verbreitung:** typische Art der Waldgrasfluren, insbesondere an feinblättrigen Polstergräsern, z. B. *Deschampsia flexuosa*. Imaginalüberwinterer; an wärmebegünstigten Standorten mindestens bivoltin. Holarktische Art.

Erythria aureola (Fallén)

Gruppe äußerlich nicht unterscheidbarer Arten; in der heimischen Fauna aber nur die abgebildete Art. Rote Beine der ♂♂ gelegentlich sehr dunkel, die der ♀♀ immer rot. **Länge:** 2,3–2,9 mm. **Lebensweise und Verbreitung:** Zwergstrauchbesiedler (jungwüchsige *Calluna, Globularia, Thymus*). Eiüberwinterer; mindestens bivoltin. In Europa (offenbar ohne den Süden, wo sie durch andere Arten ersetzt wird) verbreitet.

Empoasca vitis (Göthe) ⚠

Gehört zu einer Gruppe schlanker, grüner, vom Nichtfachmann nicht unterscheidbarer Arten, wie z. B. *E. pteridis* (Dahlb.) und *decipiens* Paoli. **Länge:** 3,1–3,8 mm. **Lebensweise und Verbreitung:** sehr polyphager Laubholzbesiedler; manchmal auch in niederer Vegetation. Von großer wirtschaftlicher Bedeutung, da bei Massenauftreten Rebenschädling. Bei uns möglicherweise nur univoltin. Imaginalüberwinterer in Coniferen (unter reversibler Umfärbung zu Dunkelgrün). In der Paläarktis verbreitet.

l. o.: *Dikraneura variata*, Marburg VI.90
r. o.: *Erythria aureola*, Marburg VII.89
u.: *Emposaca vitis*, Berlin IX.88 (K. Graszynski leg.)

Gattung **Kybos** Fieb.

Holarktisch verbreitete Gruppe nicht nur in Gestalt, sondern auch in Färbung und Zeichnung sehr ähnlicher Arten. Keine dieser Arten nach dem Aussehen eindeutig bestimmbar, da es zwar Untergruppen-, nicht aber artspezifische Farb- und Dunkelzeichnungsmuster gibt. Selbst die Genitalarmatur der ♂♂ ist bisweilen bei verwandten Arten formgleich. Nur der Singapparat der ♂♂ ist unterschiedlich gebaut. ♀♀ überwiegend nicht bis zur Art bestimmbar. Abgebildet sind:

Kybos populi (Edwards), **Kybos** cf. **smaragdula** (Fallén)

Längen: Zwischen 3,8 und 4,8 mm. **Lebensweise und Verbreitung:** Laubholzbesiedler an Birke *(Betula)*, Erle *(Alnus)*: *K. smaragdula*, Pappeln *(Populus)*: *K. populi* und besonders Weiden *(Salix spp.)*: *K. virgator* (nicht abgebildet), manche Arten auf eine oder wenige *Salix*arten spezialisiert. Alle Eiüberwinterer, die meisten Arten der Gattung wohl bivoltin.

Gattung **Chlorita** Fieb.

Artenreiche Gattung mit vielen Gruppen äußerlich nicht unterscheidbarer Arten, im Gegensatz zu *Kybos* alle Besiedler der Stauden- und Zwergstrauchbestände. Im Mittelmeergebiet artenreich, bei uns nur 2 äußerlich unterscheidbare Arten (*C. paolii* Oss., *C. dumosa* Rib.), 2–3 weitere von Osten bzw. Südwesten hineinreichend (die mit jeweils einer der beiden verbreiteten verwechselt werden können). Kleiner als *Kybos*, ohne Zeichnungselemente dieser Gattung. Im Vergleich zu ihrer Länge gesehen, breiter als *Empoasca*-Arten (S. 189 u.). **Länge:** unsere Arten zwischen 2,3 u. 3 mm. **Lebensweise und Verbreitung:** leben generell an einigen Compositengattungen (z. B. *Achillea* und besonders *Artemisia*: *C.-paolii*-Gruppe) oder Labiaten (*Thymus*: *Chlorita dumosa* und *pusilla*). Bei uns Eiüberwinterer. Mindestens bivoltin.

o.: *Kybos populi*, Berlin X.88
u. l.: *Kybos cf. smaragdula*, Berlin XI.88
u. r.: *Chlorita sp.*, ♀ der *viridula*-Gruppe, Berlin IX.89

Typhlocyba quercus (Fabricius)

In Europa einzige Art der Gattung mit gelblicher bis ziegelroter Fleckung, in dieser Verteilung bei keiner anderen vorkommend. **Länge:** 3–3,4 mm. **Lebensweise und Verbreitung:** polyphag, an Eiche und anderen Laubhölzern (z. B. Buche, Pflaume). Bei uns Eiüberwinterer; möglicherweise bivoltin.

Typhlocyba (Zonocyba) bifasciata Boheman

Artspezifisch gezeichnete Zwergzikade (gilt auch europaweit). Ebenfalls Individuen, bei denen beide Binden »zusammengeflossen« sind; dann mit Ausnahme des Kopfes einheitlich dunkel. **Länge:** 3,3–3,6 mm. **Lebensweise und Verbreitung:** bei uns überall häufig an Hainbuche, gelegentlich auch an Ulme. Eiüberwinterer; mindestens 2 Generationen im Jahr. Westpaläarktisch.

o.: *Typhlocyba quercus,* Berlin VIII.89
u.: *Typhlocyba bifasciata,* Berlin VIII.89

Gattung **Eupteryx** Curt.

Artenreiche Gattung, mindestens 23 der derzeit über 60 westpaläarktischen Arten in Mitteleuropa: Alle sind Besiedler der Niedervegetation, vorwiegend an Stauden und Zwergsträuchern. Zahlreiche Artengruppen (7 in Mitteleuropa), die zwar als Gruppe von anderen Gruppen durch Färbungs- und Zeichnungsmerkmale unterschieden werden können, deren Arten jedoch (bei oft erheblicher Variabilität der Zeichnung) häufig nur durch Untersuchung der Genitalarmatur der ♂♂ erkannt werden können.
Vertreter dreier dieser Artengruppen sind:

Eupteryx aurata (Linné) ⚠

Vertreter einer Gruppe ähnlicher Arten (»*E. atropunctata*-Gruppe«), 7 davon leben auch in Mitteleuropa. **Länge:** 3,5–4,3 mm. **Lebensweise und Verbreitung:** sehr polyphage Art, an Stauden unterschiedlichster Pflanzenfamilien (Compositen, Umbelliferen, Urticaceen, Lamiaceen u. a.). Weit verbreitet.

Eupteryx cyclops Matsumura ⚠

Vertreter einer Gruppe von 4 relativ ähnlichen Arten (»*E.-urticae*-Gruppe«). **Länge:** 3–3,7 mm. **Lebensweise und Verbreitung:** an feuchten Standorten. Monophag auf Brennesseln. Westpaläarktisch. Wohl meist bivoltin. Eiüberwinterer.

Eupteryx vittata (Linné) ⚠

Nur eine weitere, aber deutlich kleinere Art (*E. notata* Curt.) besitzt diese auffällige Zeichnung. **Länge:** 3,1–3,7 mm *(E. vittata)*, 2,1–2,7 mm *(E. notata)*. **Lebensweise und Verbreitung:** polyphag. An schattigen Plätzen, in höheren Lagen auch an offenen, feuchten Orten. Wahrscheinlich wie alle anderen Arten der Gattung bi- bis trivoltine Eiüberwinterer. Europäisch verbreitet.

l. o.: *Eupteryx aurata,* Reinbek VIII.88
r. o.: *Eupteryx cyclops,* Marburg VI.90
u. : *Eupteryx vittata,* Berlin X.88

Gattung **Edwardsiana** Zachv.

Ebenfalls sehr artenreiche Gattung (Westpaläarktis um 50, in Mitteleuropa über 30 Arten), sowohl in Eurasien als auch in Nordamerika vertreten. Fast alle Arten im Gegensatz zu *Eupteryx* bei uns Laubholzbesiedler, neben polyphagen auch monophage Arten. Nur wenige Arten mit charakteristischen Zeichnungsmustern, an denen sie sicher erkennbar sind, die meisten ± einheitlich gelblichweiß bis gelb ohne deutliche oder artspezifische Zeichnung. Oft nur die ♂♂ an der Genitalarmatur erkennbar. Auch von einigen *Fagocyba*-Arten äußerlich nicht unterscheidbar. Mindestens 1 Art (die »Rosenzikade«, *E. rosae* L.) bei Massenauftreten »Gartenschädling«.

Edwardsiana spec.

Beispiel für die Gruppe der »ungezeichneten« Arten.

Edwardsiana geometrica (Schrank)

Durch charakteristische Dunkelzeichnung mit keiner anderen Art zu verwechseln. **Länge:** 3,9–4,4 mm. **Lebensweise und Verbreitung:** an Erlen (*Alnus glutinosa* und *incana*). Bivoltin. Wie alle *Edwardsiana*-Arten bei uns Eiüberwinterer. Europäische Art.

o.: *Edwardsiana sp.*, (♀) Berlin IX.90
u.: *Edwardsiana geometrica*, Berlin XI.88

Gattung **Ribautiana** Dlb.

Wahrscheinlich monophyletische, holarktisch verbreitete Gruppe. Relativ artenarm (7 westpaläarktische Arten, 6 davon in Mitteleuropa). Laubholzbesiedler, einige relativ polyphag, andere monophag. An der Dunkelzeichnung auf der Vorderflügelspitze von anderen Gattungen bei uns relativ gut unterscheidbar.

Ribautiana tenerrima (Herrich-Schäffer)

Mit oder ohne gelbe Streifung der Vorderflügel. Sehr scharf begrenzte schwarze Punkte im Flügelspitzenteil (bei anderen Arten verwaschener). **Länge:** 2,7–3,5 mm. **Lebenweise und Verbreitung:** relativ polyphag; an Eiche, Buche, Hainbuche, Himbeere u. a. Bei uns offenbar bivoltiner Eiüberwinterer, im Mittelmeergebiet Imaginalüberwinterung. In Nord- und Westeuropa verbreitet.

Ribautiana ulmi (Linné)

Grünlichgelb. Charakteristische Dunkelzeichnung der Flügelspitze; dunkles Scutellum und typische Kopfzeichnung. Größte *Ribautiana*-Art. **Länge:** 3,7–4 mm. **Lebensweise und Verbreitung:** monophag auf Ulmen; im Herbst umherstreifend. Bivoltiner Eiüberwinterer; gelegentlich überwinternde ♀♀. Im Süden Imaginalüberwinterer. In Europa verbreitet.

o.: *Ribautiana tenerrima,* Berlin IX.90
u.: *Ribautiana ulmi,* Berlin IX.89

Gattung **Linnavuoriana** Dlb.

Artenarme, vermutlich monophyletische Gruppe, bei uns nur durch die beiden abgebildeten Taxa vertreten, die an der Anordnung der dunklen Flecke von allen anderen Gattungen unterscheidbar sind. Laubholzbesiedler, bei uns nur an Betulaceen und Salicaceen *(Salix)*. Beide abgebildeten Individuen verteilen mit den Hinterbeinen gerade Brochosomen als Benetzungsschutz auf den Flügeln. (Diese Brochosomen sind winzige Polyeder, die in den Malpighigefäßen entstehen und über den After auf die Hinterbeine ausgeschieden werden. Die meisten Gruppen der Cicadelloidea verfügen über diese spezielle Technik).

Linnavuoriana decempunctata (Fallén)

Bräunlich bis fleischfarben, nie grünlich. Flecke oft verschwommen, bzw. vergrößert. **Länge:** 3,4–3,7 mm. **Lebensweise und Verbreitung:** an Birken. Imaginalüberwinterer. Überwiegend boreomontan verbreitet, nur wenige Vorkommen in der norddeutschen Tiefebene.

Linnavuoriana sexmaculata (Hardy)

Grünliche Art, mit weniger Fleckung als die vorhergehende. Zahl der dunklen Flecke variabel, Anlage wie bei der vorigen Art. **Länge:** 3,3–4 mm. **Lebensweise und Verbreitung:** an Weiden-Arten *(Salix caprea, viminalis, cinerea, aurita)*. Überwiegend als Ei, manchmal auch als Imago überwinternd; bivoltin. Paläarktisch.

o.: *Linnavuoriana decempunctata,* Berlin XI.88
u.: *Linnavuoriana sexmaculata,* Berlin X.88

Gattung **Eurhadina** Hpt.

Monophyletische Gruppe paläarktischer (und orientalischer) Arten: in der Westpaläarktis ungefähr 10, in Mitteleuropa 7 einander z. T. sehr ähnliche, oft bunt gefärbte Arten, einige innerartlich erheblich farbvariabel. Manche Arten einander so ähnlich, daß nur die ♂♂ sicher anhand ihrer Genitalstrukturen bestimmt werden können. Laubholzbesiedler, deren Körper bei den Larven sehr stark, bei den Erwachsenen noch deutlich in Anpassung an das Leben auf der Blattfläche abgeplattet ist. Daran und an der Kombination mit dunklen Zeichnungsmustern der Vorderflügel von allen anderen Gattungen (ausgenommen die bläulichweiße, weniger abgeplattete *Aguriahana stellulata* Burm.) unterscheidbar.

Eurhadina untica Dlabola ⚠

Gehört zu einer Gruppe äußerst ähnlicher Arten. ♀♀ oft mit stärker ausgeprägter dunkler Zeichnung. ♂♂ am Genitalbau von *E. concinna* (Germ.), *ribauti* Wgn. und *kirschbaumi* Wgn. zu unterscheiden. **Länge:** 4,1–4,5 mm. **Lebensweise und Verbreitung:** häufig an Berg-Ahorn. Univoltin; überwintert als Ei. Europäische Art; auch aus der Mongolei gemeldet.

Eurhadina pulchella (Fallén, 1806)

Gelbliche und rötliche Farbformen. Mit deutlichem, schwarzem Fleck in der Flügelspitze. Ihr ähnlich, nur etwas kleiner und rundlicher die nicht abgebildete, seltene *E. saageri* Wgn. **Länge:** 3,6–4,2 mm. **Lebensweise:** monophag an Eiche. Univoltiner Eiüberwinterer. Bei uns wohl überall häufig. Paläarktisch verbreitet.

o.: *Eurhadina untica*, Berlin VII.89
u.: *Eurhadina pulchella*, Reinbek VII.90

Eupterycyba jucunda (Herrich-Schäffer)

Einzige Art der Gattung, in unserer Fauna mit keiner anderen Art zu verwechseln (typische Flügel- und Vorderkörperstreifen!). Auch Larven mit charakteristischer Zeichnung, evtl. jedoch mit *Eupteryx*-Larven zu verwechseln. Keine weiteren Arten der Gattung im Mittelmeergebiet. **Länge:** 4–4,5 mm. **Lebensweise und Verbreitung:** bei uns monophag an Erle *(Alnus glutinosa)*; nicht selten. Eiüberwinterer; offenbar univoltin. Europäisch verbreitet.

Gattung **Fagocyba** Dlb.

Monophyletische Gruppe fast nur in Europa lebender, laubholzbesiedelnder Arten. Artunterscheidung und damit Artenbestand in einer Gruppe (*F. douglasi* Edw.) noch nicht sicher geklärt.

Fagocyba douglasi (Edwards)-Gruppe ⚠

Äußerlich nicht von einigen anderen gelben *Fagocyba*-Arten (und manchen *Edwardsiana*-Arten!) unterscheidbar. **Länge:** 3,2–3,9 mm. **Lebensweise und Verbreitung:** an diversen Laubbäumen (z. B. *Quercus, Fagus* u. a.). Imagines von Juli bis September. Mindestens bivoltiner Eiüberwinterer. In Europa weit verbreitet.

Ossiannilssonola callosa (Then)

Einzige Art einer in Nordamerika artenreichen Gattung. Gut an dunkler Zeichnung (falls vorhanden) erkennbar. Viel größer als *Edwardsiana* (S. 116), ähnlich *Alebra* (S. 187). **Länge:** 4–4,8 mm. **Lebensweise und Verbreitung:** bei uns an Ahornarten, vorwiegend Berg-, gelegentlich auch Feld-Ahorn. Eiüberwinterer. Zahl der Generationen unklar. Paläarktisch.

o. l. + r.: *Eupterycyba jucunda,* Larve und Imago, Marburg VII.90
u. l.: *Fagocyba douglasi*-Gruppe, Berlin IX.90
u. r.: *Ossiannilssonola callosa,* Marburg VII.90

Gattung **Zygina** Fieb.

Artenreiche (monophyletische?) Gruppe mit mehreren Untergruppen, denen von manchen Autoren Gattungsrang gegeben wird. Wiederum viele Gruppen sehr ähnlicher Arten, bei denen allerdings die Unterschiede in Färbung und Zeichnung und im Bau des Singapparats der ♂♂ oft deutlicher sind als in der Genitalarmatur der ♂♂. Besonders die roten Farbelemente bisweilen geschlechtsspezifisch und alters(reife)bedingt verschieden: sie lösen sich bei einigen Arten während der Überwinterung vorübergehend in verstreute Punktgruppen auf (s. untere Abb.) – einer der wenigen Fälle bei Zikaden, bei denen Färbung und Musterung nicht nur durch Bedingungen während der Jugendentwicklung modifiziert werden können (s. S. 246), sondern noch beim erwachsenen Tier hochgradig – teils reversibel, teils irreversibel – verändert werden. Ökologisch »vielseitig«: manche Arten auf Laubholz, manche auf Zwergsträuchern, manche an Stauden; derartige Unterschiede manchmal auch zwischen den Arten einundderselben Gruppe.

Zygina flammigera (Fourcroy)

An dem dunklen, schokoladenbraunen Scutellum gut erkennbare Art. **Länge:** 3,2–3,4 mm. **Lebensweise und Verbreitung:** häufig in Gärten; polyphag, z. B. an Pflaume, Kirsche, Rose, Weißdorn, Eiche. Imaginalüberwinterer auf Coniferen und Brombeere, auch unter Bodenstreu. Bivoltin? Bei uns überall häufig. Paläarktisch.

Zygina suavis Rey ⚠

Im Verhältnis zur Tibia mit sehr langen Hintertarsen; diese beim Männchen meist schwarz. Sehr ähnlich, aber kleiner und mit kürzeren Hintertarsen ist die an Rosaceen lebende *Z. schneideri* Günth. **Länge:** 2,9–3 mm. **Lebensweise und Verbreitung:** lebt an *Frangula alnus* und *cathartica*. Verbreitung wegen taxonomischer Unsicherheiten nur ungenügend bekannt.

o.: *Zygina flammigera,* Berlin VIII.89
u.: *Zygina suavis,* Berlin IX.89

Zygina rubrovittata (Lethierry)

Gelblich- bis olivgrüne Art, mit besonders beim ♂ stärker verdunkelten Beinen. Eine der kleineren Arten der Gattung. **Länge:** 2,3–2,7 mm. **Lebensweise und Verbreitung:** lebt bei uns an *Calluna*. Imaginalüberwinterer. In Europa weit verbreitet.

Zygina (Hypericiella) hyperici (Herrich-Schäffer)

Vertreter einer Reihe westpaläarktischer, sämtlich *Hypericum*-Taxa (Johanniskraut) besiedelnder Arten, einander äußerlich und auch in der Genitalarmatur sehr ähnlich. ♂♂ einfarbig gelb mit dunkler Scutellumspitze. ♀♀ mit weinrotem Streifen von Scheitel bis Clavusspitze, der die dunklere Zeichnung auf Scheitel- und Pronotummitte sowie dem Scutellum umrahmt und verlängert. **Länge:** 2,4–2,6 mm. **Lebensweise und Verbreitung:** an besonnten Stellen, diese Art monophag an *Hypericum perforatum*. Eiüberwinterer, mindestens bivoltin. Westpaläarktisch.

o.: *Zygina rubrovittata*, Marburg VII.89
u.: *Zygina hyperici*, Berlin VIII.89

Gattung **Zyginidia** Hpt.

Eine von Indien durch die Westpaläarktis verbreitete, wahrscheinlich monophyletische Gruppe von ca. 15–20 Arten, die in Gestalt, Proportionen, Färbung und Zeichnung einander sehr ähnlich sind. Von anderen »Erythroneurinen« unterscheidbar durch die diffuse Dunkelzeichnung von Kopf, Pronotum und Flügeln, in Kombination mit scharfer, schwarzer Fleckung des Schildchens. Die deutlichsten Unterschiede zwischen den Arten liegen im Bau der Genitalarmatur der ♂♂ (♀♀ daher vielfach nicht bis zur Art bestimmbar). Manche Arten scheinen geographische »Rassen« zu bilden. Zwischen manchen Taxa gibt es ± ausgedehnte, als Bastardierungszonen deutbare »Übergangspopulationen«. Alle Arten leben an Gramineen, die polyphagen Taxa (z. B. *Z. scutellaris*) besiedeln auch Gramineenkulturen (Getreidefelder) und werden in wärmeren Gebieten (schnelle Generationenfolge: Möglichkeit zur Massenvermehrung) schädlich, in Italien z. B. an Mais.

Zyginidia scutellaris (Herrich-Schäffer) (sensu Ribaut) ⚠

Mittelgroße, relativ schlanke, relativ kontrastarm gefärbte Art der Gattung. **Länge:** 2,5–3,2 mm. **Lebensweise und Verbreitung:** regional in sehr verschiedenen Biotopen an Gramineen, im Süden in feuchteren, bei uns in trockeneren. Reicht von Westen her in unsere Fauna herein, hier Ost- und Nordgrenze. Von Osten her weitere Arten (*Z. pullula* Boh., *mocsaryi* Hv.). Imaginalüberwinterer. Südwestpaläarktisch.

Alnetoidia alneti (Dahlbom)

Mit *Fagocyba* und *Edwardsiana* zu verwechseln, jedoch gruppenspezifische Unterschiede in der Flügeladerung. Scutellum aufgrund durchscheinender Muskeln (bei lebenden Tieren) immer etwas bräunlicher erscheinend. **Länge:** 3,9–4,3 mm. **Lebensweise und Verbreitung:** polyphag laubholzbesiedelnde Art; sehr individuenreich z. B. an Ahorn und Erlen, manchmal in blattschädigender Individuendichte. Paläarktisch.

o. r.: *Zyginidia scutellaris,* Marburg IX.88
u.: *Alnetoidia alneti,* Marburg VII.90

Unterfamilie Penthimiinae

Penthimia nigra (Goeze)

Einziger europäischer Vertreter einer in den Tropen artenreicheren und vielgestaltigeren Unterfamilie. Von charakteristischem, schalenförmigem Bau; Kopf groß, Flügel nach hinten steil abfallend. Farblich variabel, von einheitlich schwarz bis rotbraun. Mit oder ohne rote Flecke am Halsschild. Mit keiner anderen Zikade unserer Fauna zu verwechseln. **Länge:** 4–5,5 mm. **Lebensweise und Verbreitung:** polyphag, an jungen Pappeln, Eichen u. a. – Univoltiner Larvalüberwinterer; Imago schon Ende April. Vom Mittelmeergebiet her in unsere Fauna hereinreichend. Im Nordwesten Deutschlands fehlend (ebenso in England, Irland, Fennoskandia).

Unterfamilie Dorycephalinae

Eupelix cuspidata (Fabricius)

Mit ausgeprägtem, charakteristischem, depressem Vorderkopf. Nur im südöstlichen Mitteleuropa (bis Österreich, CSFR reichend) gibt es Taxa mit ebenfalls depress verlängertem Kopf, die damit ähnlich aussehen *(Dorycephalus)*. In Größe, Kopfform und Schlankheit deutlich sexualdimorph, darüber hinaus erhebliche Variabilität besonders in der Kopfform, die früher zur Aufteilung in mehrere Arten führte. **Länge:** 5,3–7,2 mm. **Lebensweise und Verbreitung:** auf Waldgrasfluren und an Trockenhängen. Generationenzahl und Entwicklungszyklus unbekannt. Hierzu konträre Behauptungen in der Literatur. Larven und ♀♀ überwintern. 2 Maxima im Gelände: Mai/Juni und August. Paläarktische Art. Weit verbreitet und häufig.

o.: *Penthimia nigra,* Berlin VII.90
u.: *Eupelix cuspidata,* Berlin VIII.88

Unterfamilie Aphrodinae

(im begrenzten Umfang von Nast, 1972)

Gattung **Aphrodes** Curt.

Holarktisch verbreitete Gruppe. Ausgeprägter Sexualdimorphismus besonders in Färbung und Zeichnung, in geringerem Maß auch in Größe und Gestalt (♀♀ durchweg deutlich größer, unscheinbar gefärbt). Bei mehreren Taxa oft parallel verlaufende, innerartliche Variabilität der Hell-Dunkel-Farbverteilung besonders der ♂♂. Bestimmung nach Farbmustern, daher oft unsicher (stattdessen Genitalarmatur der ♂♂; Artzugehörigkeit der ♀♀ in manchen Gruppen derzeit nicht sicher erkennbar). Neuerdings (Hamilton, 1975) in 3 Gattungen aufgeteilt, die von uns als Untergattungen geführt werden. Alle *Aphrodes*-Arten leben überwiegend bodennah bzw. sogar in der Streuschicht und sind bei uns univoltine Eiüberwinterer.

Aphrodes (Aphrodes) bicinctus (Schrank)-Gruppe ⚠

Eine der Gruppen einander äußerst ähnlicher Taxa innerhalb der Aphrodinae, bei denen die Frage, aus wievielen »Biospezies« sie besteht, noch geklärt werden muß. Ausgeprägter Sexualdimorphismus in Größe und Färbung wie bei fast allen mitteleuropäischen *Aphrodes*-Arten. Die kleinen ♂♂ ± bräunlich, meist mit 2 hellen Querstreifen auf dem Vorderkörper, die größeren, spitzköpfigeren ♀♀ ± gleichmäßig gesprenkelt, bei sehr variabler Färbung. Derzeit in Mitteleuropa aufgrund von Verschiedenheiten der Genitalarmatur der ♂♂ 2 »Morphospezies« unterschieden: die etwas kleinere und breitere *A. bicinctus* (Schr.), die sowohl in nicht eutrophierten Feuchtgebieten als auch an Kalkhängen lebt, und ein größeres, etwas schlankeres, deutlich farb- und gestaltvariables Taxon, das derzeit den Namen *A. makarovi* Zv. trägt. Dieses tritt auf ± stark nitrierten Flächen (eutrophe Sumpfgebiete, Ruderalflächen, auch Salzwiesen) stellenweise in Mengen auf. Gegenüber den Taxa der anderen Untergattungen leben die Individuen dieser Gruppe oft relativ hoch in der Krautschicht. Größer als die *Planaphrodes*- und *Anoscopus*-Arten: 4,5–8 mm.

o. l. + r.: *Aphrodes bicinctus*-Gruppe, Berlin VIII.88
u.: *Aphrodes makarovi*, Reinbek VIII.88

Aphrodes (Planaphrodes) nigritus (Kirschbaum) ⚠

Diese und die folgende Art gehören zu der mit mehreren Arten von Japan bis Portugal verbreiteten Untergattung *Planaphrodes* Ham. (in Mitteleuropa 3 Arten); die ♂♂ durch weiße Querbinden auf ± schwarzem Grund von den anderen Untergattungen gut unterscheidbar. ♀♀ ohne deutliche helle Querbinden, ± einfarbig graubraun. Beide abgebildeten Arten *(nigritus, bifasciatus)* für den Nichtfachmann nicht sicher voneinander (und auch nicht von der 3. Art, *A. trifasciatus* Fourcr.) zu unterscheiden, da Verteilung der Zeichnung innerartlich hochvariabel. Genitalarmatur der ♂♂ artspezifisch ausgeprägt. **Länge:** 4–5,9 mm. **Lebensweise und Verbreitung:** seltenere Art; lebt in montanen Zonen sowie in tieferen Lagen in Waldgebieten und feuchtschattigen Bereichen. Annähernd westpaläarktisch verbreitet.

Aphrodes (Planaphrodes) bifasciatus (Linné) ⚠

(siehe *Aphrodes nigritus*)

Länge: 3,5–5 mm. **Lebensweise und Verbreitung:** vorwiegend in montanen Gebieten anzutreffen, Charakterart der Schlangenknöterichwiesen, dort bisweilen in hoher Individuendichte. Eurosibirisch verbreitet, fehlt im Süden der Paläarktis.

o.: *Aphrodes nigritus* (♂), Eschwege VII.89
u.: *Aphrodes bifasciatus* (♂), Berlin VI.89 (M. GLAUCHE leg.)

Aphrodes Subgen. **Anoscopus** Kbm.

Enthält die kleinwüchsigsten und rundköpfigsten Taxa. ♀♀ relativ einheitlich gefärbt, ♂♂ entweder bräunlich mit Querbinden hellerer Flecke oder hell mit dunklen Schräg- und Querstreifen. In Mitteleuropa derzeit 7–8 »Morphospezies«.

Aphrodes (Anoscopus) serratulae (Fabricius) ⚠

Art des »Querfleckentyps«, Färbung der ♂♂ meist relativ kontrastreich, »großfleckig« und hell. **Länge:** 3–4,7 mm. **Lebensweise und Verbreitung:** schwerpunktmäßig auf feuchten bis mittelfeuchten Fettwiesen. Eiüberwinterer; vermutlich univoltin. Hauptsächlich in Europa verbreitet, auch in die Nearktis verschleppt.

Aphrodes (Anoscopus) flavostriatus (Donovan)

♂♂ hell, mit charakteristischen dunklen Schräg- und Querbinden und dadurch (mit Ausnahme der seltenen *A. histrionicus* (F.) und einer weiteren mediterranen Art) gut von den anderen Arten zu unterscheiden. ♀♀ von denen der anderen Arten äußerlich noch am ehesten zu unterscheiden: Vorderflügel bei hellen Adern mit streifenartig dunkel ausgefüllten Flügelzellen. **Länge:** 2,5–4,6 mm. **Lebensweise und Verbreitung:** häufig. Sehr eurytop, aber Schwerpunkt in Hochstaudenried, Feuchtwiesen. Eiüberwinterer. Paläarktisch verbreitet, in die Nearktis verschleppt.

Aphrodes (Anoscopus) albifrons (Linné) ⚠

Art des »Querfleckentyps«, ♂♂ relativ kontrastarm gefärbt. **Länge:** 3–5 mm. **Lebensweise:** stellenweise häufig, bei uns vor allem in Graspolstern lichter Wälder, auch in anmoorigen Gebieten mit Molinia. Westpaläarktisch verbreitet.

o.: *Aphrodes serratulae*, Berlin VII.90
u. l.: *Aphrodes flavostriatus*, Marburg VII.90
u. r.: *Aphrodes albifrons*, Marburg VIII.89

Unterfamilie Cicadellinae

Mehrere, von manchen Autoren auch als eigene Unterfamilien oder sogar Familien geführte Untergruppen. Die »eigentlichen« Cicadellinen – durchweg ungefähr mittelgroße, schlanke Arten mit vielfach lebhafter, auffälliger und bisweilen kontrastreicher Färbung und Zeichnung – in Europa nur mit 2 Gattungen und 3 Arten vertreten, von denen eine in diesem Jahrhundert aus Nordamerika eingeschleppt wurde. Sehr artenreich dagegen z. B. in der Ostpaläarktis und vor allem in der Neotropis. Bei uns meist auffällige, bewegungsaktive Besiedler der Niedervegetation *(Cicadella)*, aber auch der Büsche und Bäume *(Graphocephala)*. Bei uns überwintern alle im Eistadium.

Cicadella viridis (Linné)

♂♂ meist mit heidelbeerblauer, manchmal ausgedehnt schwarzer Färbung der Oberseite (im Mittelmeergebiet immer, bei uns nur in sehr warmen Jahren einfarbig blaugrün). **Länge:** 5,7–9 mm. **Lebensweise und Verbreitung:** häufigere und deutlich stärker eurytope der beiden bei uns vorkommenden Arten; mit Schwerpunkt in Feuchtwiesen mit *Juncus*; an feuchten Waldrändern. Im Süden zuweilen in Luzernekulturen schädlich. Bei uns 1-2 Generationen pro Jahr, im Süden mehr. Paläarktisch, auch aus der Orientalis angegeben.

Cicadella lasiocarpae Ossiannilsson

Erst vor wenigen Jahren als eigene Art beschrieben. Schlanker als *C. viridis*; keine Färbungsunterschiede bei ♂♂ und ♀♀, erstere kleiner und schlanker. **Länge:** 5,7–10 mm. **Lebensweise und Verbreitung:** in nassen Biotopen, in Skandinavien an *Carex lasiocarpa*. Adult von Juli bis September. Verbreitung dieser bei uns bisher nur an wenigen Stellen gefundenen Art noch ziemlich ungeklärt, bisherige Angaben aus Fennoskandia, Schottland, Irland.

Cicadella viridis
o. l.: ♂
o. r.: ♀
u. l.: Larve, Berlin VIII.88
u. r.: *Cicadella lasiocarpae*, Marburg VII.89

Graphocephala fennahi Young

Eine aus Nordamerika stammende Adventiv-Art, dort weitere Arten der Gattung. Sehr auffällig und charakteristisch gefärbte und gezeichnete Zikade, in Europa mit keiner anderen Art zu verwechseln. **Länge:** Um 8,5 mm. **Lebensweise und Verbreitung:** Aufwuchspflanzen im wesentlichen bestimmte *Rhododendron*-Arten. Erwachsene oft auch an anderen Pflanzen. Wahrscheinlich Anfang der 30er Jahre mit Rhododendron in Südengland eingeschleppt und eingebürgert. Ab Ende der 60er Jahre auch auf dem Kontinent, seither rapide Ausbreitung. Im Sommer stellenweise sehr zahlreiches Auftreten. Univoltiner Eiüberwinterer.

Graphocephala fennahi
u.: Baden-Baden IX.89 (C. Gerber leg.)
r.: Berlin IX.89

Unterfamilie Evacanthinae

Wie die Cicadellinen sind auch die Evacanthinen außerhalb der Westpaläarktis arten- und formenreich, bei uns jedoch nur durch 2 Arten aus der weitverbreiteten Gattung *Evacanthus* Lep. vertreten. Diese beiden Arten sind an Färbung und Zeichnung klar erkennbar.

Evacanthus interruptus (Linné)

Gelb-schwarze Zeichnung dieser Art sehr unterschiedlich ausgeprägt; schwarz fehlt zuweilen. **Länge:** 5–7 mm. **Lebensweise und Verbreitung:** besonders auf feuchten, nährstoffreichen Wiesen (Kohldistelwiesen) und auf Bergwiesen in den Alpen (bis über 2000 m) oft sehr zahlreich und auffällig. Auch in Erlenbrüchen, gelegentlich an Kalkhängen. Univoltiner Eiüberwinterer. Paläarktisch verbreitet.

Evacanthus acuminatus (Fabricius)

Mit geringerer Zeichnungsvariabilität als *E. interruptus*, nie gelbe Flächen vorhanden. **Länge:** 5–6,8 mm. **Lebensweise und Verbreitung:** typische Art der Waldränder, zwischen *Stachys* u. a. Kräutern. Vermutlich univoltiner Eiüberwinterer. Paläarktisch, mehr im Süden.

o.: *Evacanthus interruptus*, Eschwege VI.89
u.: *Evacanthus acuminatus*, Berlin VI.89

Unterfamilie Deltocephalinae

Die Gruppen innerhalb der Cicadellidae werden derzeit von verschiedenen Autoren noch sehr unterschiedlich weit gefaßt, unterteilt und sehr unterschiedlich benannt. Hier wird formal der relativ »weiten« Fassung von Nast (1972) für die »Deltocephalinae« gefolgt, ohne daß damit eine eigene Ansicht zu Verwandtschaftsfragen dieser Taxa vertreten wird. In dieser Fassung eine der artenreichsten Zikadengruppen in Mitteleuropa.

Gattung **Doratura** J. Sahlb.

Gruppe von Arten, die in Mitteleuropa keine ihr ähnlichen Taxa anderer Gruppen hat: die quer abgestutzten Vorderflügelreste der kurzflügeligen Exemplare, der lange, fast spießförmig verlängerte Ovipositor der ♀♀ (*Doratura* = »Spießschwanz«!) sowie Färbung und Zeichnung sind (neben der Form des »Stylus« der Genitalarmatur der ♂♂) sichere Unterscheidungsmerkmale. – Die Arten leben an verschiedenen Gramineen-Taxa und sind univoltine Eiüberwinterer. Kurz- und – meist nur selten – auch langflügelige Individuen bei jeder Art. Bei uns derzeit 6 Morphospezies, Zahl der Biospezies noch ungeklärt.

Doratura impudica Horvath ⚠

Größte heimische Art der Gattung. **Länge:** 4,0–5,7 mm. **Lebensweise und Verbreitung:** an xerothermen Standorten. Imagines relativ spät im Jahr. Von Südosten her in unser Gebiet hereinreichend, einerseits in Süddeutschland (Donau und Maingebiet, Oberrheingebiet), andererseits in Norddeutschland, dort vorwiegend Dünenbesiedler.

Doratura homophyla (Flor) ⚠

Kleinere Art mit deutlicher dunkler Zeichnung der Oberseite. **Länge:** 3,0–5 mm. **Lebensweise und Verbreitung:** eine westpaläarktische, Trockenrasen (bevorzugt auf Sandboden) besiedelnde Art.

o. l.: *Doratura impudica*, Berlin VIII.88
o. r.: *Doratura sp.*, Larve, Marburg VI.90
u. l. und u. r.: *Doratura homophyla*, lang- u. kurzflügelig, Berlin IX.89

Fieberiella septentrionalis Wagner ⚠

Eine der 2–3 auch in Mitteleuropa lebenden, paläarktisch verbreiteten, monophyletischen, derzeit 20 Arten enthaltenden Gattung, von der die meisten Arten im östlichen Mittelmeerraum leben. Von anderen Gattungen (zumindest in Mitteleuropa) durch Gestalt, Färbung und Zeichnung deutlich unterscheidbar. Untereinander sind die *Fieberiella*-Arten jedoch fast nur durch Untersuchung der Genitalarmatur der ♀♀ und ♂♂ trennbar. **Länge:** 6,5–7,5 mm. **Lebensweise und Verbreitung:** sehr polyphage Art an Sträuchern, Stauden usw. Form der Überwinterung bei uns noch ungeklärt, vermutlich als Ei. Paläarktisch verbreitet, in Nord- und Westeuropa fehlend.

Fieberiella septentrionalis
u.: Larve, Schloßböckelheim/Nahe IX.88
r.: Imago, Schloßböckelheim/Nahe VII.89

Deltocephalus pulicaris (Fallén)

Eine der 2 europäischen Arten, die noch in der ursprünglich als »Sammelgattung« für alle Taxa mit winklig vorgezogenem Kopf geschaffenen Einheit verblieben sind. Bei uns (neben den früher als *Deltocephalus* geführten 3 Arten der Gattung *Recilia* Edw.) nur 2 Arten, deren ♂♂ sind kleiner und langflügeliger als ♀♀. **Länge:** 2,1–3,4 mm. **Lebensweise und Verbreitung:** fast nur auf offenen Flächen. Bevorzugt stickstoffhaltige Böden, auch in intensiv genutzten Grünflächen (Schaftriften, Viehweiden); sehr häufige Art, bei uns überall. Eiüberwinterer, vermutlich mindestens bivoltin. Holarktisch verbreitet.

Arocephalus (Ariellus) punctum (Flor) ⚠

Beispiel für Reihe äußerlich nicht unterscheidbarer Arten; alle am kleinen schwarzen Punkt nahe der Flügelspitze (innerhalb einer Apikalzelle) zu erkennen. Bei uns jedoch meist nur *A. punctum*. **Länge:** 2,5–3,2 mm. **Lebensweise und Verbreitung:** an feinblättrigen Bültengräsern, z. B. *Nardus, Festuca*, trockenerer bis feuchterer Standorte. Bivoltin. Europäisch verbreitet, im Süden weitere Arten (*A. sagittarius* Rib. bis Südwestdeutschland).

Errastunus ocellaris (Fallén)

Von Arten der Gattungen *Jassargus und Adarrus* an den zahlreichen Queradern (dadurch »ocelliert« erscheinend) im Clavusbereich der Vorderflügel unterscheidbar. Eine weitere *Errastunus*-art der Alpen- und Flußtäler ohne diese Aderungsmerkmale. **Länge:** 2,7–4 mm. **Lebensweise und Verbreitung:** sehr häufig in stickstoffreichen Grasfluren. Polyphag an verschiedensten Gräsern; vom eutrophen Hochstaudenried bis in gepflegte Kunstwiesen. Eiüberwinterer; vermutlich bis zu 3 Generationen pro Jahr. In Gebirgshochlagen eine univoltine, dunkel gefärbte Form.

o.: *Deltocephalus pulicaris*, lang- und kurzflügelig, Berlin VIII.88
u. l.: *Arocephalus punctum*, Marburg VII.90
u. r.: *Errastunus ocellaris*, Berlin VIII.88

Gattung **Jassargus** Zachv. ⚠

Paläarktisch verbreitete Gruppe mit Artenhäufungszentrum in Europa. Bei uns keine andere Gattung mit dieser charakteristischen Braunfärbung, mit hellen Adern und unvollständig dunkel ausgefüllten Zellen der (die Hinterleibsspitze der kurzflügeligen Form nicht erreichenden) Flügel. Nur eine einzige Art olivgrün (*J. pseudocellaris* Flor). Ansonsten Gruppe vieler, äußerlich nicht unterscheidbarer Arten, alle mit Flügeldimorphismus. Genitalarmatur der ♂♂ und ♀♀ artspezifisch. **Länge:** Zwischen 2,5 und 3,5 mm. **Lebensweise und Verbreitung:** Gramineenbesiedler, nur wenige oligophage Arten. Eiüberwinterer mit mehreren Generationen (bei uns 23).

Adarrus multinotatus (Boheman)

Vertreter einer in der Westpaläarktis verbreiteten Gruppe, äußerlich an Färbung und Zeichnung nicht unterscheidbar. Unterschiede im Bau der männlichen Geschlechtsorgane. In der BRD nur *Adarrus multinotatus.* Charakteristisch die deutliche dunkle Scheitelzeichnung. Flügeldimorphismus; langflügelige Form oft mit ausgedehnterer Dunkelzeichnung. Scheitel länger und spitzer als bei *Turrutus.* **Länge:** 2,6–3,6 mm. **Lebensweise und Verbreitung:** wie alle Arten der Gattung an Grasarten der Gattung *Brachypodium.* Eiüberwinterer, mindestens bivoltin. Westpaläarktisch ohne den Süden Südeuropas.

Turrutus socialis (Flor)

Relativ kurzflügeliger als *Adarrus* und *Jassargus*; von letzterem an durchweg schwächer ausgeprägter Scheitelzeichnung zu unterscheiden (dunkler Fleck in Flügelmitte: Defekt!). Langflügelige Formen wesentlich seltener, fehlen mancherorts oft über Jahre völlig. **Länge:** 2,5–4,2 mm. **Lebensweise und Verbreitung:** oft in großer Anzahl, z. B. auf Schaftriften, in sauren *Nardus*-Beständen, an Kalkhängen, sowie in Binnen- und Küstendünen. Gründe für diese Eurytopiespanne weitgehend unklar. Offenbar paläarktisch verbreitet.

o. l.: *Jassargus sp.,* Marburg VIII.89
o. r.: *Jassargus sp.,* Berlin VIII.89
u. l.: *Adarrus multinotatus,* Ulm IX.88
u. r.: *Turrutus socialis,* Ulm IX.88

Verdanus abdominalis (Fabricius) ⚠

Die in Deutschland häufigste Art einer artenreichen, holarktisch verbreiteten Verwandtschaftsgruppe (die in manchen Veröffentlichungen in die Gattung *Diplocolenus* Fieb. einbezogen wird). Die meisten Individuen mit schwarzer Unterseite. Durch ihre Größe von gelblichgrün gefärbten Arten anderer, benachbarter Gattungen (z. B. *Arthaldeus* Rib., *Sorhoanus* Rib.) unterscheidbar. Innerhalb der Gattung eine Anzahl äußerlich nicht unterscheidbarer Arten. Genitalarmatur der ♂♂ und ♀♀ artspezifisch. **Länge:** 3,3–4,7 mm. **Lebensweise und Verbreitung:** sehr häufige Art offener Wiesenflächen. Montan bis submontan, an einigen Stellen auch in der norddeutschen Tiefebene. Eiüberwinterer. Wahrscheinlich univoltin. Paläarktis, fehlt in Europa nur im Südwesten.

Arthaldeus pascuellus (Fallén)

Von verwandten Arten der Gattung u. a. durch die trüb grüne Färbung unterschieden. *A. striifrons* (Kbm.) intensiv grün, *A. arenarius* Rem. immer langflügelig, strohgelblich; beide mit elfenbeinweißem Mittelkeil des Gesichts. Relativ gering ausgeprägter Flügeldimorphismus. **Länge:** 2,9–4,1 mm. **Lebensweise und Verbreitung:** eurytop. Bevorzugt stickstoffreiche Grasbestände. Bivoltiner Eiüberwinterer. Von Mittelsibirien bis nach Westeuropa hineinreichend, im Mittelmeergebiet fehlt die Art.

o.: *Verdanus abdominalis,* Marburg VII.90
u.: *Arthaldeus pascuellus,* Berlin X.88

Gattung **Psammotettix** Haupt ⚠

2 Beispiele aus einer sehr artenreichen, holarktisch verbreiteten Gruppe äußerlich vielfach sehr ähnlicher, nicht eindeutig unterscheidbarer Arten. (Genitalarmatur der ♂♂ ± artspezifisch; ♀♀ oft nicht sicher bestimmbar). Vom Aussehen her auch mit (den nicht abgebildeten) *Ebarrius- und Arocephalus*-Arten der *longiceps* (Kbm.)-Gruppe zu verwechseln. Schlanker und kurzköpfiger als (unsere heimischen) *Jassargus*-Arten, keine ausgedehnte Braunfärbung. Frage der tatsächlich existenten Zahl von Arten noch offen – es könnten zwar ökologisch deutlich, morphologisch aber nicht eindeutig differenzierte »Schwärme« nahe verwandter »Biospezies« in mehreren Teilgruppen dieser vermutlich monophyletischen »Gattung« existieren: Ethologische und biotaxonomische Untersuchungen sind zur Klärung notwendig (s. S. 52). **Länge:** 3,2–4 mm *(P. confinis)*, 3,9–4,4 mm *(P. alienus)*. **Lebensweise und Vorkommen:** *P. alienus* (Dahlb.) ist eine typische Wanderart mit erheblicher Flugleistung, bis in aride Gebiete vordringend, bei uns Getreidefelder besiedelnd. *P. confinis* besiedelt stickstoffreiche Grasfluren, sowohl auf feuchten Kalkwiesen und Weideflächen, als auch auf Ruderalflächen. Beide Eiüberwinterer; zumindest bivoltin. Unter den übrigen Arten finden sich auch stenotope, ± monophage Taxa, die teils auf Gramineen, teils auch auf Dikotyledonen leben. Mehrere Arten besiedeln Salzwiesen, Salzsteppen, Küsten und Binnendünen, Matten im Hochgebirge oberhalb der Baumgrenze, Schotterbänke von Gebirgsflüssen u. a.

o.: *Psammotettix alienus* (Dahlb.), Berlin IX.88
u.: *Psammotettix cf. confinis* (Dahlb.), Berlin IX.89

Rhytistylus proceps (Kirschbaum)

Einzige mitteleuropäische Art einer artenarmen, offenbar auf Europa beschränkten, monophyletischen Gruppe. Mit relativ spitzem und flachem Kopf; bogenartige Dunkelzeichnung im Gesicht. **Länge:** 3,7–5,4 mm. **Lebensweise und Verbreitung:** an Polstergräsern auf Trockenrasen, in Heidegebieten u. a. Bei uns wahrscheinlich univoltiner Eiüberwinterer. Eine der wenigen von Westen nach Mitteleuropa hereinreichenden Arten: Arealgrenze in Osteuropa, fehlt offenbar bereits in Finnland, der UdSSR und Südosteuropa. Wird in Teilen Südeuropas (Griechenland, Spanien) durch andere Arten »abgelöst«.

Gattung **Ophiola** Edw. ⚠

Holarktisch verbreitete Gruppe ähnlicher, äußerlich oft nicht sicher unterscheidbarer Arten, mit erheblicher Variabilität in Größe und Ausprägung der Dunkelzeichnung; Sexualdimorphismus. Evtl. mit *Deltocephalus* (S. 230) zu verwechseln, jedoch größer als dieser. **Längen:** bei uns zwischen 3–5 mm. **Lebensweise und Verbreitung:** Einige *Ophiola*-Arten sind Ericaceenbesiedler, andere leben an Cistaceen, Asteraceen, Polygonaceen, z. B. *Ophiola decumana* (Kontk.) an *Rumex acetosella* auf Kahlschlägen. In Nordamerika einige Arten als Virusüberträger in *Vaccinium*-Kulturen schädlich. Die 4–5 bei uns lebenden Arten überwintern als Ei, sie sind uni- bis bivoltin.

o.: *Rhytistylus proceps,* St. Etienne/F. VII.89
u.: *Ophiola sp.,* Berlin IX.89

Limotettix striola (Fallén) ⚠

Vertreter einer holarktisch verbreiteten Gruppe äußerlich sehr ähnlicher Arten. Alle schlank keilförmig mit breitem Kopf und einer beide Augen verbindenden schwarzen Querbinde. *L. striola* in Mitteleuropa verbreitetste und häufigste Art. Evtl. mit *Grypotes puncticollis* (S. 270) zu verwechseln, die ebenfalls ähnliche schwarze Querbinden hat. **Länge:** 3,6–5 mm. **Lebensweise und Verbreitung:** Sumpfbesiedler an kleinwüchsigen Juncaceen, bevorzugt auch an Salzstellen, dort oft in individuenreichen Populationen. Eiüberwinterer, wohl univoltin. Holarktisch verbreitet.

Idiodonus cruentatus (Panzer)

Einziger paläarktischer Vertreter einer in Nordamerika artenreichen, vermutlich monophyletischen Gruppe. Nur wenige Arten mit ähnlicher Rotsprenkelung der Flügel, z. B. *Colobotettix* Rib., *Colladonus torneellus* (Zett.) (nicht abgebildet). Charakteristisch für *Idiodonus* die (auf der Abb. nicht erkennbare) Schwarzfleckung an der Kopfspitze (fehlt bei *Colobotettix*; bei *Colladonus* als schwarzes Querband). In Spanien Populationen ohne Rotzeichnung. **Länge:** 4,3–5,5 mm. **Lebensweise und Verbreitung:** bevorzugt offenbar Kalkboden; in Staudenfluren und auf Gebüschen. In höheren Berglagen häufiger, im Flachland seltener. Univoltin, offenbar Eiüberwinterer. Paläarktisch verbreitet.

o.: *Limotettix striola*, Berlin VIII.88
u.: *Idiodonus cruentatus*, Würzburg IX.88

Conosanus obsoletus (Kirschbaum)

Vom Aussehen wenig charakteristische Art; sehr viele *Euscelis-, Streptanus-* und *Macustus*-Arten äußerlich sehr ähnlich, jedoch Punktfleckung des Scheitels bei diesen nicht in dieser Form ausgeprägt. Lang- und kurzflügelige Formen, letztere überwiegen. **Länge:** 4,2–6,2 mm. **Lebensweise und Verbreitung:** bevorzugt Juncusarten, aber auch in Hochgrasbeständen. Eiüberwinterer, univoltin. Imagines meist erst ab Mitte Juli. Holarktisch verbreitet, bei uns überall häufig; auch noch in Nordwestafrika.

Macustus grisescens (Zetterstedt)

Einzige Art der Gattung in Europa. Mit charakteristischer Dunkelzeichnung: Zum Nacken hin offene dachförmige Scheitelzeichnung und relativ spitzer Kopf unterscheiden *Macustus* von *Streptanus*-Arten (S. 244), bei denen er immer deutlich gerundet ist. Kurz- und langflügelige Formen. **Länge:** 3,9–5,5 mm. **Lebensweise und Verbreitung:** polyphage Art an Monokotylen, in Wäldern und auf offenen Flächen, auch auf Hochmooren. Larvalüberwinterer, möglicherweise nur univoltin. Imagines ab April bis in den Juni hinein, in montanen Lagen entsprechend später. Paläarktisch verbreitet, in der Nearktis offenbar durch eine nahe verwandte Art ersetzt.

o.: *Conosanus obsoletus*, Marburg VII.90
u.: *Macustus grisescens*, Marburg VI.90

Gattung **Streptanus** Rib.

Holarktisch verbreitete, wahrscheinlich monophyletische Gruppe von Arten, in der Westpaläarktis derzeit 8 Arten, 5 davon in Mitteleuropa. Alle ± strohfarben mit ± ausgedehnter Dunkelzeichnung. Kurz- und langflügelige Formen bei allen Arten. Alle Arten an Monokotylen, vorwiegend Gräsern.

Streptanus marginatus (Kirschbaum)

Die häufigere kurzflügelige Form mit auffallend kurzen, abgestutzten Flügeln. Immer dunkler gefärbt als *S. sordidus*, fast immer zeichnungslos. **Länge:** 3,1–4,5 mm. **Lebensweise und Verbreitung:** in Grasfluren nicht zu kühler und feuchter Waldgebiete, Waldränder und auf Heideflächen. Larvalüberwinterer, vermutlich nur univoltin. Europa (ohne den Süden).

Streptanus sordidus (Zetterstedt) ⚠

Sehr hohe Farbvariabilität. Grundfarbe immer deutlich heller als *S. marginatus*, Dunkelzeichnung aber oft sehr ausgedehnt. Kann mit *S. confinis* (Reut., nicht abgebildet) verwechselt werden. **Länge:** 3,5–5,2 mm. **Lebensweise und Verbreitung:** Besiedler feuchter und schattiger Grasbestände. Eiüberwinterer, wohl bivoltin. Europäisch verbreitete Art, offenbar nach Nordamerika verschleppt.

Streptanus aemulans (Kirschbaum)

Mit charakteristischer Dunkelzeichnung als Querbinde auf dem relativ kürzeren und runderen Scheitel. **Länge:** 4,1–5,6 mm. **Lebensweise und Verbreitung:** Hochgrasbesiedler in Dünen, Sumpfgebieten und landwirtschaftlich beeinflußten Flächen. Eiüberwinterer, wohl bivoltin. Offenbar holarktisch verbreitet.

o. l.: *Streptanus marginatus* (♂), Marburg VI.90
o. r.: *Streptanus sordidus*, Berlin IX.88
u.: *Streptanus aemulans* (♂), Berlin IX.88

Gattung **Euscelis** Brullé

Eine westpaläarktisch verbreitete, vermutlich monophyletische Gruppe von derzeit ungefähr 20 Arten, die in der Südwestpaläarktis (speziell der Iberischen Halbinsel) ihre höchste Artendichte hat. In Mitteleuropa nur 5 Arten. Die meisten Arten leben an stauden- bis strauchförmigen Leguminosen, manche zusätzlich oder hauptsächlich an Gräsern, einige wenige an Compositen. Viele sind ausgesprochene Ökospezialisten. Taxonomisch »berüchtigt« durch die bei einer Anzahl der Arten vorhandene Modifizierbarkeit nicht nur der Größe, Färbung und Zeichnung, sondern auch mehrerer Teile der männlichen Genitalarmatur durch die Bedingungen, unter denen die Larven aufwachsen. Unterscheidung der ♂♂ nach der Genitalarmatur fast nur bei »Langtagtieren« möglich; weitgehend artspezifisch (und als praegame Isolationsmechanismen wirksam) sind die »Gesänge«.

Euscelis incisus (Kirschbaum, (früher **E. plebejus** (Fall.)) ⚠

Wie die folgende Art eine *Euscelis* des »marmorierten« Musterungstyps: auf ± strohgelber Grundfarbe milchigweiße Queradern und Flecke und als unregelmäßige Zellumrandung angelegte Dunkelfleckung, die bei »Kurztagtieren« viel stärker ausgedehnt ist als bei »Langtagtieren«. Eine der hinsichtlich Ökologie, Modifizierbarkeit und Verhalten bestuntersuchten Zikadenarten. **Länge:** 3,0–4,4 mm. **Lebensweise und Verbreitung:** offene, auch stickstoffreiche Grünlandflächen, insbesondere Trocken- und Halbtrockenrasen, aber auch Fettwiesen, weniger in Feuchtwiesen. Lebt an Leguminosen und auch Gräsern. Bei uns überwiegend bivoltiner Larvalüberwinterer, in warmen Jahren (unvollständige) 3. Generation. Überwinternde Diapause-Eier bei uns zusätzliche, im Norden des Verbreitungsgebietes einzige Überwinterungsweise, dort auch nur univoltin. Westpaläarktische, offenbar eurosibirische Art, die bis Westeuropa reicht, aber in Südspanien und Nordwestafrika offenbar fehlt. Bei uns weit verbreitet.

Euscelis lineolatus Brullé ⚠

Diese Art ist von der vorhergehenden (und weiteren mediterranen) in Färbung und Zeichnung nicht sicher zu unterscheiden. Unterschiede in den Abbildungen nur scheinbar, da diese Taxa identische Variationsbreiten haben. **Länge:** 3,1–4,0 mm. **Lebensweise und Verbreitung:** lebt an Leguminosen. Bei uns vermutlich univoltiner Eiüberwinterer. Atlantomediterran, von Westen nach Nordwestdeutschland hereinreichend, dort jedoch wegen suboptimaler Bedingungen keine »Langtagmorphen« vorhanden.

l.: *Euscelis incisus*, Berlin IX.89
r.: *Euscelis lineolatus* (XI.88, aus Zuchten von H. Strübing)

Allygus mixtus (Fabricius) ⚠

Eine der beiden bei uns verbreiteten und häufigen Arten einer westpaläarktisch verbreiteten Gruppe von Taxa, die ungefähr 9 einander in Gestalt, Färbung und Zeichnung oft sehr ähnliche Arten enthält (4 davon in Mitteleuropa, außer *A. mixtus*, die sehr ähnliche *A. communis* Ferr., sowie die weniger ähnlichen *A. maculatus* Rib. und *A. modestus* (Sc.)). Genitalarmatur der ♂♂ und ♀♀ offenbar artspezifisch. **Länge:** 5,7–6,5 mm. **Lebensweise und Verbreitung:** die grünen Larven in niederer Vegetation, Erwachsene überwiegend in Baum- (Eichen, Buchen, Weiden) und Strauchschicht, offenbar polyphag. Eiüberwinterer, univoltin.

Allygidius commutatus (Fieber)

Artenarme (monophyletische?), derzeit weniger als 10 Arten umfassende Gruppe, offenbar auf die Westpaläarktis beschränkt. *A. commutatus* ist am ehesten mit *Allygus* zu verwechseln, von diesem durch »zusätzliche« Vorderflügelqueradern und breitere Gestalt getrennt. Von den anderen Arten der Gattung sicher zu unterscheiden. *A. atomarius* (F.) und *detectus* Rib. größer und schlanker; letzterer fast zeichnungslos. **Länge:** 6,5–7,5 mm. **Lebensweise uns Verbreitung:** an Waldrändern in der Niedervegetation und auf Sträuchern. Bei uns häufigste und am weitesten verbreitete Art der Gattung. Eiüberwinterer, univoltin. Paläarktisch (ohne den Osten).

o.: *Allygus mixtus,* Berlin VIII.88
u.: *Allygidius commutatus,* Berlin VI.89

Graphocraerus ventralis (Fallén)

Einzige Art der Gattung. Grüne Färbung, Verteilung der schwarzen Punkte am Kopf und Pronotum charakteristisch. Lang- und kurzflügelige Formen. **Länge:** 4,5–6,5 mm. **Lebensweise und Verbreitung:** in offenen, nicht zu feuchten Grasfluren. Univoltiner Eiüberwinterer. Westpaläarktisch verbreitet, in Mitteleuropa wohl überall vorhanden.

Laburrus pellax (Horvath)

Eine der beiden deutschen Arten dieser Gattung, deren ungefähr 15 Arten auf die Paläarktis beschränkt sind (3 weitere Arten im Mittelmeerraum, von denen 2 den Süden Mitteleuropas erreichen). *L. pellax* meist intensiv gelbgrün gefärbt (Tier auf der Abb. »ausgeblichen«); mit rötlichen Farben im Bereich von Abdomen und Beinen (die 2. deutsche Art, *L. impictifrons* (Boh.), ist graugrün ohne rötliche Farbanteile. Die mediterranen Arten ohne Grünfärbung). Lang- und kurzflügelige Formen. **Länge:** 3,5–5 mm. **Lebensweise und Verbreitung:** Nährpflanze in der Hauptsache *Aster linosyris*. Wie die anderen Arten der Gattung Steppenbesiedler, von Südosten her nach Mitteleuropa westlich bis etwas über den Rhein hereinreichend; überschreitet nach Norden kaum die Mainlinie. Eiüberwinterer, wohl univoltin.

Hesium domino (Reuter)

Einzige Art der Gattung. Rotbraun, mit kleinen weißen Flecken auf dem Flügelhinterrand. Gesicht schwarz. In den Alpen fahlbraune Populationen. Alle Individuen langflügelig. Zu verwechseln mit *Speudotettix subfusculus* (Fall., nicht abgebildet), dieser jedoch kleiner und selten so rotbraun. **Länge:** 5,6–7 mm. **Lebensweise und Verbreitung:** die gelblichen, durch 2 schwarze Längsstreifen neben der Mitte auffallend gefärbten Larven in niederer Vegetation feuchterer Wiesen, oft an Klappertopf *(Rhinanthus)*; Imagines auch auf Birken und Erlen. Im alpinen Bereich in der Staudenflur. Vermutlich Eiüberwinterer, univoltin. Verbreitung europäisch.

o. l.: *Graphocraerus ventralis,* Marburg VI.90
o. r.: *Laburrus pellax,* Schloßböckelheim, Nahe VII.89
u.: *Hesium domino,* Eschwege VII.89

Perotettix pictus (Lethierry)

Paläarktische Gattung mit nur wenigen Arten, bei uns nur diese. Mit charakteristischer Zeichnung. Keine kurzflügeligen Formen. **Länge:** 5,9–6 mm. **Lebensweise und Verbreitung:** Larvalüberwinterer, Larven und Imagines auf Fichte und Tanne, univoltin. Imagines ab Mai/Juni. Offenbar auf Mittel- und Osteuropa beschränkt.

Pithyotettix abietinus (Fallén)

Ebenfalls paläarktische Gattung mit nur wenigen Arten, nahe verwandt mit der vorigen. Sehr bunte Art und mit charakteristischer Zeichnung (»Fichtenzweig«-Synchromatismus). Keine kurzflügeligen Formen. **Länge:** 5,3–6 mm. **Lebensweise und Verbreitung:** wie vorige Art und mit ihr zusammen auf Coniferen (Fichte, Tanne). Univoltiner Larvalüberwinterer. Imagines ab Mai/Juni. »Taiga«-Art, von Sibirien bis nach Nord- und Mitteleuropa hereinreichend (im Mittelmeergebiet offenbar fehlend).

u.: *Perotettix pictus,* Marburg VII.90
r.: *Pithyotettix abietinus,* Marburg VII.90

Athysanus argentarius Metcalf

Eine von 2 mitteleuropäischen Arten einer paläarktisch verbreiteten, artenarmen Gattung; mit der folgenden, täuschend ähnlich gebauten und gefärbten *Artianus interstitialis* (s. u.) verwechselbar, jedoch größer. Flügel deutlich länger als bei *Artianus*, den Hinterleib überragend (2. Art der Gattung, *Athysanus quadrum* Boh., völlig anders gezeichnet). **Länge:** 6,6–8 mm. **Lebensweise und Verbreitung:** in Hochgrasbeständen, auch an Dikotyledonen. Weiter verbreitet und sehr viel eurytoper als *Artianus*, von feuchten bis in trockene Bestände. Univoltiner Eiüberwinterer. Nach Nordamerika verschleppt; dort gut eingebürgert.

Artianus interstitialis (Germar)

Sehr ähnlich der vorigen Art, doch überragen die Vorderflügel die Hinterleibsspitze nicht. Eine 2., äußerlich nicht unterscheidbare Art der Gattung »ersetzt« sie im Mittelmeergebiet. **Länge:** 4,2–6,2 mm. **Lebensweise und Verbreitung:** Besiedler von Hochgräsern in offenem Gelände mit ± steppenartigem Einschlag. Univoltin, vermutlich Eiüberwinterer. Von Osten (Kasachstan) her nach Mitteleuropa (bis nach Frankreich) hereinreichende Art, in Nord-, West- und Südeuropa fehlend.

o. + u. l.: *Athysanus argentarius*, Berlin VI.89
u. r.: *Artianus interstitialis*, Berlin VIII.88

Rhopalopyx preyssleri (Herrich-Schäffer)-Gruppe ⚠

Die sehr wahrscheinlich monophyletische Gattung *Rhopalopyx* Rib. (zeitweise zu *Paluda* Del. gestellt gewesen) besteht aus einigen in der Paläarktis (ohne deren Osten) verteilten Arten, die zu 2 sehr unterschiedlichen Färbungstypen gehören: einem weißlichen mit auffälliger dunkler Fleckenzeichnung, der zudem gedrungener gebaut ist (*Rh. preyssleri*-Gruppe) und einem grünlichgrauen mit, wenn überhaupt, dann unauffälliger braungrauer Zeichnung und schlankerer Gestalt (*Rh. vitripennis*-Gruppe). Von *Rh. preyssleri*-Gruppe bisher in Mitteleuropa nur 2 Arten, die sich nur am Genitalbau der ♂♂ unterscheiden lassen. Die Zeichnung ist gruppentypisch, allenfalls eine größere, massige Art (*Stictocoris picturatus* Sahlb.) ist entfernt ähnlich. **Länge:** 3,6–3,9 mm. **Lebensweise und Verbreitung:** beide Arten an Gramineen; in ± trockenen, offenen Lebensräumen ebenso wie in feuchteren Waldgrasfluren. Beide vermutlich Eiüberwinterer, stellenweise bivoltin. Paläarktisch, bei uns wohl überall vorhanden.

Paluda flaveola (Boheman) ⚠

Holarktisch verbreitete, wohl monophyletische Gruppe mit einer Anzahl von Arten, in Europa nur diese eine. Äußerlich sehr ähnlich gelbgrünen Arten anderer Gattungen (z. B. *Elymana* Del., manche *Cicadula*-Arten), aber ohne schwarze Flecke am Kopf, auch Fühlergrube hell. **Länge:** 4–5 mm. **Lebensweise und Verbreitung:** Besiedler von Hochgrasbeständen (*Calamagrostis, Deschampsia, Phalaris* u. a.) ± feuchter Standorte. Paläarktisch (ohne den Osten) verbreitet, in Südeuropa fehlend. In Süddeutschland fast nur noch in montanen Bereichen. Eiüberwinterer, normalerweise wohl univoltin.

o.: *Rhopalopyx preyssleri-Gruppe,* Berlin VIII.88
o.: *Paluda flaveola,* Marburg VII.90

Gattung Mocydiopsis Rib. ⚠

Westpaläarktisch verbreitete, monophyletische Gruppe von derzeit 6 Arten, von denen 5 in Mitteleuropa zusammentreffen, dabei teils von Südwesten, teils von Südosten hereinreichend. In Färbung und Zeichnung einander relativ ähnlich und daran auch für den Fachmann nicht immer sicher unterscheidbar (Genitalarmatur der ♂♂ artverschieden). *Mocydia*-Arten (s. u.) relativ ähnlich. **Länge:** um 4 mm. **Lebensweise und Verbreitung:** alle Arten besiedeln Gramineen. Alle sind bei uns univoltine Imaginalüberwinterer. Paarung nach Überwinterung bei einigen Arten bereits bei Temperaturen wenig über 0 °C.

Mocydia crocea (Herrich-Schäffer)

Monophyletische Gruppe einiger in der Westpaläarktis (ohne Fennoskandia) verteilter Arten (bisher 3), nur die abgebildete in Mitteleuropa, die anderen mediterran. Relativ gut erkennbar an den zugespitzten Flügeln. Streifen des Vorderkörpers meist auffälliger als bei *Mocydiopsis.* Nur Larven außerordentlich färbungs- und zeichnungsvariabel: rot oder gelb mit schwarzen Querbinden oder Längsstreifen. Kurzflügelige Imagines unbekannt. **Länge:** 4,2–5,4 mm. **Lebensweise und Verbreitung:** oligo- bis polyphager Gramineenbesiedler, z. B. an *Dactylis, Brachypodium, Agropyron* u. a. Imaginalüberwinterung, univoltin; Paarung im Frühjahr. Zumindest in Europa (ohne dessen Norden) weit verbreitet.

o.: *Mocydiopsis sp.,* Würzburg IX.88
u.: *Mocydia crocea,* Ulm IX.88

Elymana sulphurella (Zetterstedt) ⚠

Von dieser vermutlich monophyletischen Gruppe, die einige holarktisch verteilte Arten enthält, ist nur die abgebildete Art in Mitteleuropa verbreitet und häufig; eine weitere, nur am Genitalbau der ♂♂ unterscheidbare Art, reicht vom Osten herein. – Typisch gefärbte und unparasitierte Tiere mit schwarzer Fühlergrube. Alle Individuen langflügelig. Adern gegenüber der ähnlichen *Paluda flaveola* (s. S. 256) farblich deutlich hervortretend. Auch hell gefärbte Exemplare von *Cicadula flori* (J. Sahlb.) ähnlich. **Länge:** 4–5,4 mm. **Lebensweise und Verbreitung:** weit verbreitet, sehr euryök, als Erstkolonisator auf Kahlschlagflächen; offenbar polyphag an zahlreichen Gräsern. Univoltiner Eiüberwinterer. Paläarktisch.

Gattung Cicadula Zett.

Holarktisch verbreitete, artenreichere Gruppe von Arten, besteht aus 3 Untergruppen (*Cicadula* s. str., *Cyperana* Del. und *Henriana* Em.). In der Westpaläarktis derzeit 15 Arten, 9 davon (aus allen Untergruppen) auch in Mitteleuropa. Vorwiegend Besiedler von Cyperaceen in Feuchtgebieten, 1 Art bei uns auch in stickstoffreichen trockeneren Biotopen (*C. persimilis* Edw. an Knäuelgras). Mehrere Gruppen von untereinander sehr ähnlichen Arten, nur durch Genitaluntersuchung bestimmbar. Schlank und langflügelig, keine durchgehenden Gemeinsamkeiten in Färbung und Zeichnung.

Cicadula quadrinotata (Fabricius) ⚠

Gehört zu der Artengruppe innerhalb *Cicadula* s. str. mit den 4 schwarzen Flecken auf dem Kopf, mit ± grüner Zeichnung (u. U. nur des Kopfes, des Thorax und der Adern des Vorderflügels), darin aber nicht von einigen anderen Arten (s. folgende) sicher unterscheidbar. **Länge:** 3,9–5,2 mm. **Lebensweise und Verbreitung:** am stärksten eurytope *Cicadula*-Art, von feuchten bis in mesophile Bereiche hereinreichend. An diversen *Carex*-Arten. Eine der häufigsten Arten. Eiüberwinterer, zumindest fakultativ bivoltin. Paläarktisch verbreitet.

o.: *Elymana sulphurella,* Berlin IX.88
u.: *Cicadula quadrinotata,* Berlin IX.89

Cicadula albingensis W. Wagner ⚠

Größte der im Sommer (Herbsttiere der 2. Generation oft mit ausgedehnter Dunkelzeichnung) gelbgrünen Arten mit 4 schwarzen Scheitelflecken. ♂♂ und ♀♀ am Genitalbau von anderen unterscheidbar. Färbung des Flügels anders als bei *C. quadrinotata* F. Die ähnlichste, aber kleinwüchsigere Art ist *C. rubroflava* Ln. **Länge:** 4,5–5,2 mm. **Lebensweise und Verbreitung:** vorwiegend an *Scirpus sylvaticus*, jedoch vorwiegend an Standorten mit basischen Böden (Basalt- und Kalkuntergrund). Eiüberwinterer, wahrscheinlich fakultativ bivoltin. Vorwiegend europäisch verbreitet.

Cicadula persimilis (Edw.) ⚠

Äußerlich nicht sicher von *C. quadrinotata* (F.) und einigen weiteren Arten des »Vierfleck-Scheitel-Typs« unterscheidbar (Genitalarmatur beider Geschlechter artspezifisch). Auch hier können Exemplare der Herbstgeneration ausgedehnte Dunkelzeichnung tragen (s. Abb.). **Länge:** 4,2–5 mm. **Lebensweise und Verbreitung:** auf nährstoffreichen (nitrierten) Grasfluren, Feldrainen u. ä., offenbar monophag an Knäuel-Gras *(Dactylis)*. Bivoltiner Eiüberwinterer. Vorwiegend europäisch (ohne den Mittelmeerraum) verbreitet (im Osten aus Kasachstan angegeben).

o.: *Cicadula albingensis*, Marburg IX.88
u. l.: *Cicadula sp.*, Berlin VIII.89
u. r.: *Cicadula persimilis*, Marburg X.90

Gattung Macrosteles Fieb.

Artenreiche, über die Holarktis verteilte, vermutlich monophyletische Gruppe. Viele Arten (auch die in Mitteleuropa) bei ± hoher Variabilität der Dunkelzeichnung einander so ähnlich, daß nur Genitalstrukturen oder Singapparat der ♂♂ Artbestimmung erlauben. Offenbar alle Arten in der Niedervegetation, hier insgesamt mit breitem Wirtspflanzenspektrum, die einzelnen Arten stenotop und monophag oder eurytop und polyphag. Einige Arten mit erheblichen Ausbreitungsflügen, besiedeln rasch frühe Sukzessionsstadien oder landwirtschaftliche Flächen. Pflanzenvirosenüberträger.

Macrosteles septemnotatus (Fallén)

In beiden Geschlechtern an intensiv gelber Färbung mit rauchig grauen Partien der Flügel und Anordnung der dunklen Fleckung des Vorderkörpers klar erkennbar. ♂♂ kleiner und relativ langflügeliger. **Länge:** 3,1–4 mm. **Lebensweise und Verbreitung:** monophag an *Filipendula ulmaria*. Eiüberwinterer, zumindest bivoltin. Paläarktisch (ohne Süden).

Macrosteles viridigriseus (Edwards) ⚠

♀♀ anhand typischer Kopfform und -fleckung von anderen zu unterscheiden (bei ♂♂ schwieriger, doch Genitalarmatur artspezifisch). Manchmal etwas grünlicher als auf der Abbildung. **Länge:** 2,9–3,8 mm. **Lebensweise und Verbreitung:** an Gräsern feuchter Standorte. Eiüberwinterer, zumindest bivoltin. Paläarktisch.

Macrosteles frontalis (Scott)

Eine der äußerlich erkennbaren *Macrosteles*-Arten. Größer als andere Arten der Gattung. **Länge:** 3,4–4,7 mm. **Lebensweise und Verbreitung:** an Sumpf-Schachtelhalm *(Equisetum palustre)*. In der Ebene nur sporadisch vorkommend, in feuchten Quellhängen der Westalpen und des Allgäus mit Massenvorkommen. Eiüberwinterer, zumindest bivoltin. Holarktisch.

Macrosteles septemnotatus, Marburg VI.90
Macrosteles viridigriseus, Berlin IX.89
Macrosteles frontalis, Marburg VI.90

Balclutha punctata (Fabricius) ⚠

In Mitteleuropa häufigste und am weitesten verbreitete Art einer in zahlreichen Arten weltweit verteilten Verwandtschaftsgruppe. Artenzahl in einigen Untergruppen noch ungeklärt. In Mitteleuropa mindestens 6 Arten, allerdings nur 3 davon hier relativ weit verbreitet. Nährpflanzen wohl bei den meisten Arten Gramineen (aber auch andere, z. B. Cyperaceen), monophage neben ± polyphagen Arten. Manche Arten »wandern« (wohl im wesentlichen Verdriftung); kommen nachts an Lichtquellen. Extrem lang, schmal und kurzköpfig. Gehört zu einer Gruppe sehr schwer unterscheidbarer Arten mit möglicherweise genetisch bedingter unterschiedlicher, innerartlich ± variabler Ausprägung der Dunkelzeichnung. Grundfärbung dagegen altersabhängig: junge und überwinternde Tiere ± rötlich bis bräunlich (Abb. links o.). Ältere ♂♂ und besonders die langlebigen ♀♀ werden im Frühjahr grün (Abb. rechts o.). **Länge:** 3,6–4,1 mm. **Lebensweise und Verbreitung:** polyphag an verschiedenen Gräsern an Waldwegen und im lichten Wald. Larvalentwicklung in Blüten- und Samenständen von *Agrostis, Deschampsia flexuosa* usw. In diesen Biotopen eine der häufigsten Zikadenarten. Imaginalüberwinterer, offenbar nur univoltin. Zur Überwinterung ausgedehnte Flüge in Coniferen, hier zwischen den Nadeln überwinternd. Holarktisch.

Balclutha punctata Beispiele für Zeichnungsvariabilität

Goniagnathus brevis (Herrich-Schäffer)

Einzige auch in Mitteleuropa (aber bereits ohne dessen Norden) lebende Art einer mit rund 20 Arten in der Paläarktis vertretenen Verwandtschaftsgruppe (Goniagnathini), die weitere Arten in der Orientalischen und Äthiopischen Region hat. Aufgrund des gestauchten Körperbaus und des breiten, abgerundeten Kopfes bei uns bestenfalls mit *Stroggylocephalus* Fall. (nicht abgebildet) zu verwechseln. Im Leben meist mit einer hellen »Wachsschicht« (Brochosomen) überzogen (s. Abb.). Grundfärbung des ♂ kann fast einheitlich schwarz sein; ♀ braun. **Länge:** 4,5–5,5 mm. **Lebensweise und Verbreitung:** Nährpflanze(n) nicht bekannt. Lebt in Steppenheidebereichen. Mediterrane Art, bis Mitteleuropa hereinreichend. Erreicht Skandinavien nicht. Im Gebiet univoltiner Imaginalüberwinterer.

Goniagnathus brevis
u.: Larve
r.: Imagines (o. mit, u. ohne Brochosomen-Belag), Ulm IX.88

Grypotes puncticollis (Herrich-Schäffer)

Mit auffallend breitem Kopf; durch Fehlen oder andere Form einer Querbinde auf dem Kopf vom ähnlichen *Limotettix* (S. 240) zu unterscheiden. In Mitteleuropa einzige, im Mittelmeergebiet eine weitere Art. **Länge:** 4–5 mm. **Lebensweise und Verbreitung:** *Pinus*-Besiedler, bei uns monophag an *Pinus sylvestris*. Eiüberwinterer mit offenbar nur einer Generation. Bei uns weit verbreitet. Westpaläarktisch.

Opsius stactogalus Fieber

Einzige Art der mit vielen Arten in der Paläarktis vertretenen Gattung bei uns. Durch leuchtend grüne Färbung und weiße, fensterartige Flecken auf den Flügeln unverwechselbar. Mindestens 5 weitere, mediterrane Arten sehen fast identisch aus. Alle auf Tamarisken. **Länge:** 4–4,7 mm. **Lebensweise und Verbreitung:** natürliche Vorkommen nördlich der Alpen nur dort, wo *Myricaria germanica* vorkommt. Mit importierten *Tamarix*-Arten weit über die ursprünglich besiedelten Gebiete nach Westen und Norden »eingewandert«. Kommt auch schon in Schweden vor. In winterkalten Gebieten univoltin, Eiüberwinterer. Westpaläarktisch; in die Nearktis verschleppt.

Neoaliturus fenestratus (Herrich-Schäffer) ⚠

Schwarz, mit weißer Fensterung der Flügel. Beine gelb. Möglicherweise Gruppe ähnlicher Arten mit paralleler Farbvariabilität. Manche Individuen mit deutlich heller gefärbter Oberseite, dann Beine dunkel. Zahl der Arten und Unterscheidbarkeit noch völlig unklar. Bei uns möglicherweise 2 oder mehr Arten. **Länge:** 2,8–3,4 mm. **Lebensweise und Verbreitung:** polyphage Art (Nährpflanzen nicht genau bekannt) offener, sonnenbeschienener Biotope, auf Steppenheidehängen, erneut im Hochgebirge oberhalb der Baumgrenze. Bei uns vermutlich Imaginalüberwinterer (möglicherweise nur die ♀♀); bivoltin. Fehlt im nordwestlichen Bereich. Verbreitungsangabe wegen unklarer Artabgrenzung unsicher.

o. l.: *Grypotes puncticollis,* Marburg VII.89
o. r.: *Opsius stactogalus,* Berlin VIII.90
u.: *Neoaliturus fenestratus,* Schloßböckelheim/Nahe VII.89

Verzeichnis der Fachausdrücke und Abkürzungen

♂ Männchen, ♂♂ Männchen (pl.)
♀ Weibchen, ♀♀ Weibchen (pl.)

Abdomen Hinterleib.
abiotisch »nicht lebendig« – hier ökologisch für Umweltbedingungen verwendet, die nicht direkt durch andere Lebewesen verursacht werden (z. B. Feuchtigkeit, Licht, Temperatur u. a.)
Adaptation Anpassung (meist des Individuums) an andere bzw. veränderte Bedingungen.
adult erwachsen.
Aedeagus: spermaübertragendes Organ des ♂.
Allel, -e unterschiedliche Ausprägungsformen (Mutanten) desselben Gens.
allopatrisch die Verbreitungsgebiete (→ Areale) zweier Taxa berühren sich nicht.
Antenne Gliedmaßenpaar am Kopf (am 2. Segment), vorwiegend zur Aufnahme von Umweltreizen umkonstruiert.
Apomorphie ein gegenüber einer Plesiomorphie abgeleitetes Merkmal, d. h. gegenüber bestimmter Stammart weiterentwickelt.
apter flügellos.
Areal das Gebiet der Erde, in dem eine Art sich erfolgreich auf Dauer ohne Zuzug von außen fortpflanzt.
Auchenorryncha Zikaden (= »Kehlrüßler«).

Biospezies biolog. Artbegriff, umfaßt alle Populationen, deren Individuen untereinander faktisch oder potentiell kreuzbar sind und von denen anderer Populationen reproduktiv isoliert sind (→ Morphospezies).
bivoltin 2 Generationen pro Jahr.
boreomontan Vorkommen einer Tierart einerseits im nördlichen Nadelwaldgürtel, andererseits in Gebirgen des Südens.
brachypter kurzflügelig.
Brochosomen: kleine Polyeder, die auf der Cuticula als Schutzschicht gegen Festkleben bei Nässe u. ä. mit den Beinen verteilt werden; sie werden in den Malpighi-Gefäßen produziert und über den After ausgeschieden.

Cercus (pl. Cerci) Reste des Gliederfußpaares des 11. (letzten) Hinterleibssegments (bei Zikaden nicht mehr vorhanden).
cf. Abkürzung von *lat.* confer (= vergleiche); steht vor nicht sicher bestimmten Arten, Gattungen oder anderen Taxa.
Chitin ein Polysaccharid, Hauptbaustoff des Exoskeletts bzw. der Cuticula besonders (aber nicht nur) bei Insekten.

Clavus Analfeld des Vorderflügels, das bei Zikaden durch eine schwach chitinisierte Furche (Clavus-Naht) gegenüber dem davor liegenden Flügelteil abgeteilt und damit in einer Ebene etwas bewegbar ist.
Corium der ± stark chitinisierte Teil des Vorderflügels, der vor dem Clavus liegt.
Coxa Hüfte des Insektenbeins.
Cuticula Panzer der Insekten (Exoskelett).

Diapause genetisch fixierte Entwicklungshemmung (setzt vor Beginn der winterlichen Abkühlung ein).
disjunkt → Areal einer Art (bzw. eines Monophylums) aus zwei oder mehr getrennten Gebieten bestehend.
depress Körper dorsoventral zusammengedrückt (im Querschnitt viel breiter als hoch).
Dormanz Zusammenfassung aller Formen der Entwicklungshemmung (durch Umweltfaktoren bedingt oder genetisch fixiert).

Ektoparasiten Parasiten, die außen am Wirt leben.
Endemit endemisch: das → Areal eines Taxons liegt zur Gänze im ausgewählten Gebiet.
Endoparasiten Parasiten, die im Inneren des Wirtes leben.
euryök weiter Bereich von Umweltfaktoren, der für eine Art erträglich ist.
eurytop Arten, die in vielen verschiedenen Biotopen vorkommen.
Exoskelett Außenpanzer, d. h. Haut bildet Schutz- und Stützorgan (»Ritterrüstung«).
Exuvie die bei der Häutung zurückbleibende leere Haut des vorangegangenen Altersstadiums.

Femur Schenkel des Insektenbeins.

Gendrift zufalls- statt selektionsbedingte Veränderung im Allelbestand einer Population.
Gonaden Hoden der ♂♂ u. Eierstöcke der ♀♀.
Gonapophysen (Valven) Anhänge der Genitalsegmente (oft 3 Paare zusammengelegt als orthopteroider Legeapparat beim ♀).
gregär Individuen des Taxons leben in Gruppen zusammen.
Gründereffekt wird eine neue Population einer Art von einem oder wenigen Individuen gegründet, so existiert in ihr nicht der volle Allelbestand der gesamten Art, sondern nur der in den Gründer-Individuen vorhandene »Ausschnitt«.

Habitat kleinere Einheiten in einem Lebensraum, z. B. die Bestände einer Pflanzenart, die Streuschicht, Baumrinde u. ä.
Halsschild (= Pronotum) Rückenschild des 1. Thoraxsegmentes.
Heteroptera Wanzen.
Holarktis umfaßt die ringförmig um die Arktis liegenden Kontinente Europa (incl. Nordafrika), Asien u. Nordamerika.
Holometabolie vollkommene Verwandlung; mit Puppenphase zwischen Larvenstadien und Imago.
Homoptera Sammelbezeichnung für Zikaden, Blattläuse, Blattflöhe, Schildläuse u. Mottenschildläuse.

Imago, *pl.* **Imagines** erwachsenes Insekt (= Adultus).
Isolation zwei Individuen unterschiedlichen Geschlechts können keine erfolgreiche Paarung durchführen: halten entweder einander bei Aufeinandertreffen nicht für Angehörige derselben Fortpflanzungsgemeinschaft (was sie zu Beginn einer Auseinanderentwicklung genetisch noch sein können), oder aus der Paarung entwickelt sich keine Nachkommenschaft.
Isolationsmechanismus Verhaltensweise oder Eigenschaft mindestens eines der beiden Individuen verschiedenen Geschlechts, die eine erfolgreiche Paarung der beiden verhindern.

Johnstonsches Organ Sinnesorgan im 2. Fühlerglied; dient der Wahrnehmung von Strömungen, Erschütterungen, Schallwellen.
juvenil jung.

Komplexauge (= Facettenauge) aus mehr oder weniger zahlreichen Einzelaugen (Ommatidien) zusammengesetzt.
Konvergenz, konvergent ähnliche Merkmalsausprägung bei unterschiedlichen Taxa, die nicht auf noch ± identischer, von gemeinsamer Stammart übernommener Erbinformation beruht, sondern aus darin stärker verschiedenen »Ahnenformen« im Laufe der Generationen in Anpassung an ± identische Situationen (oft selektionsbedingt) entwickelt wurde.

Labium Unterlippe (drittes, hinterstes, verschmolzenes Paar der Mundwerkzeuge). *Hier* Rohr, das die Stechborsten führt.
Lacinia »innere« Kaulade der → Maxille (bei Rhynchoten zur selbständig im Kopf verankerten Stechborste umgewandelt).

makropter langflügelig.
Malpighi-Gefäße Exkretionsorgane (»Nieren«) in Form einiger Blindschläuche, die am Anfang des Enddarmes münden.
Mandibel Mundwerkzeuge (erstes, vorderstes Paar).
Maxille Mundwerkzeuge (zweites, mittleres Paar).
Mesonotum Rückenpartie des Mesothorax-Segment.
Mesothorax 2. Brustsegment.
Metanotum Rückenpartie des Metathorax-Segments
Metatarsus → Tarsen des Hinterbeins.
Metathorax 3. Brustsegment.
monophag Taxon ernährt sich nur von einem anderen Taxon oder allenfalls von einigen sehr nah verwandten Taxa.
Monophylum ein von einer Stammart abstammendes und alle ihre Nachkommen einschließendes → Taxon.
Morphospezies Gesamtheit der Individuen, die in allen »taxonomisch wichtigen« Merkmalen übereinstimmen.

Nearktis Tiergeographische Region; umfaßt Nordamerika.

Ocellen Einzelaugen, zwischen, vor oder unter den Komplexaugen liegend.
»ökologische Lizenz« Vorhandensein z. B. eines noch ± konkurrenzfreien Habitats (Pflanzentaxon, Tierart, best. abiotische(r) Fakto-

r(en)), das einer anderen Art die Möglichkeit eröffnet, davon zu leben (es zu nutzen) und sich – u. U. unter Anpassung – darauf zu spezialisieren (darauf »einzunischen«).

oligophag Taxon ernährt sich von mehreren, aber relativ nah miteinander verwandten Taxa.

Ontogenese Individualentwicklung (von der Eizelle an).

Ovidukt Eileiter, Gang vom Eierstock zur Eiablage-Öffnung.

Ovipositor Legeapparat, -stachel, -bohrer der ♀♀ zur Plazierung der Eier).

Paläarktis Tiergeographische Region; umfaßt außertropisches Eurasien, Nordafrika und z. T. Arabien.

Palpus, Palpen »Taster«, gegliederte Laufbeinreste mit nur noch sensorischen Funktionen an Maxille und Labium der Antennata (bei Rhynchota nicht mehr vorhanden).

parapatrisch → Areale zweier Taxa grenzen aneinander, überlappen sich aber nicht.

Parasiten Organismen, die von anderen leben, ohne sie zu töten.

Parasitoide Organismen, die von anderen leben und sie am Ende ihrer parasitischen Phase töten.

Parthenogenese, parthenogenetisch sexuelle Erzeugung von Nachkommen mindestens ohne Verwendung des ♂-Genoms für die Nachkommen, oft völlig ohne Paarung.

phänetisch hier: nach Ähnlichkeit von Merkmalsausprägungen (die nicht auf die Frage Homologie-Nichthomologie bzw. Symplesiomorphie-Synapomorphie wertend untersucht wurden) zusammengestellte Gruppen.

Phloëm Leitbündel bei Pflanzen.

phyletisch hier: Gruppen, die deshalb gebildet wurden, weil ihre Taxa aufgrund wertender Merkmalsanalyse als stammesgeschichtlich nächstverwandt anzusehen sind.

phytophag sich von (lebenden) Pflanzen ernährend.

Plesiomorphie die Ursprünglichkeit eines Merkmals (Gegensatz zu Apomorphie) in Bezug auf eine bestimmte Stammart.

polyphag Taxon ernährt sich von ± zahlreichen, nicht näher miteinander verwandten anderen Taxa.

Polymorphismus »Vielgestaltigkeit«: die Individuen einer Art sehen – modifikativ oder genetisch bedingt – relativ verschieden aus (in Färbung, Gestalt, Flügelausbildung u. a. m.).

postmetabol »nach der Umwandlung«: Chitinskelett-Teile, die sich noch *nach* dem Aushärten der letzten Häutung beim Adulten verändern.

praegam vor der Kopulation (praegame → Isolationsmechanismen z. B. verhindern ein Zustandekommen einer Kopulation).

Pronotum Vorderrücken, Halsschild (Rückenfläche des Prothorax).

Prothorax 1. Brustsegment.

pseudogam parthenogenetisch Nachwuchs produzierende ♀♀ (meist triploide Formen) paaren sich mit diploiden ♂♂, das Genom von deren Sperma wird jedoch nicht auf die Nachkommen transferiert.

Puparium Hülle aus der stark veränderten, nicht abgestreiften letzten Larvenhaut, in der bei manchen Holometabola die eigentliche Puppe liegt.

Quieszenz eine der beiden Hauptformen der → Dormanz (von Umweltfaktoren abhängige Entwicklungshemmung).

Rezeptor Organ bzw. Zellgruppe zur Aufnahme von Reizen (mechanischen, akustischen, chemischen, optischen), teils von aus der Umwelt stammenden, teils von eigenen Körperteilen zum Kontrollieren der Lage der einzelnen Körperteile zueinander (»Propriorezeptoren«).
Rhynchota Schnabelkerfe (Wanzen, Zikaden, Blattläuse, etc.).
Rostrum Rüssel (Mundwerkzeuge) der → Rhynchota.

Schallplatte Organ zur Erzeugung von spezifischen Lauten.
Schildchen Rückenschild des 2. Thoraxsegmentes, zwischen Vorderflügeln liegend oder diese überdeckend.
»Schlüssel-Schloß-Prinzip« Erklärungsversuch für die Tatsache, daß bei nächstverwandten Arten die Strukturen der ♂- (und auch ♀-) Genitalarmatur stärker als alle anderen (oft als einziges Merkmal) verschieden und innerhalb jeder Art sehr wenig variabel sind: als »Zweck« dieser Kombination von phylogenetisch »früher« Auseinanderentwicklung und hoher innerartlicher Formkonstanz wurde Verhinderung der Paarung zwischen diesen nächstverwandten Arten postuliert. ♂- und ♀-Genitalarmatur sollten nur bei Individuen derselben Art so gut »ineinanderpassen«, daß eine Kopulation funktioniert, aber nicht mehr bei Angehörigen verschiedener Arten.
Scutellum Schildchen.
Sensilla placodea ovale, plattenförmige Sinnesorgane.
Separation, separiert Vorkommensgebiete zweier Populationen einer Art räumlich (oder zeitlich) so weit voneinander getrennt, daß kein Individuen-Austausch zwischen diesen Populationen mehr stattfinden kann (der Genfluß zwischen ihnen ist demzufolge unterbrochen).
Sexualdimorphismus ♂♂ und ♀♀ einer Art sind über die primären (und z. T. sekundären) Geschlechtsmerkmale hinaus unterschiedlich gestaltet.
Sklerit stärker chitinisierter, gegenüber der Umgebung versteifter Bereich des Exoskeletts.
Stechborsten Teile der Mundwerkzeuge (Mandibeln und 1. Maxillen).
stenök enger Bereich von Umweltfaktoren, der für die betreffende Art erträglich ist.
Stylus (pl. Styli) eigentlich die »Hüftgriffel« (»Coxalgriffel«) der Insekten – bei Zikaden in der Literatur benutzt für das Paar ± beweglicher Fortsätze der Ventralseite des ♂-Genitalsegments, das der Verankerung am ♀ bei der Paarung dient.
sympatrisch die Verbreitungsgebiete (→ Areale) zweier Taxa überlappen sich ± weit, d. h. in manchen Gebieten leben *beide* Taxa.
synapomorph gemeinsam abgeleitetes Merkmal.
Synchromatismus »Gleichfarbigkeit«: hier im Sinne einer Verbergtracht, d. h. die Individuen gleichen farblich dem Untergrund bzw. der Umgebung, in der sie sich normalerweise aufhalten.

Tarsus, Tarsalglieder Fuß, Fußglieder.
Taxon beliebige systematische Gruppe (Art, Gattung, Familie usw.). (Plural: Taxa).
Thorax Brustsegmente.

Tibia Schiene der Laufbeine.
Tracheen Atemröhren.
Trochanter Schenkelring.
Tymbal der Cuticula-Bereich, durch dessen Ein- und Ausbiegen durch ansetzende Muskeln Schall bzw. Vibrationen entstehen (liegt bei Zikaden paarig an der Hinterleibs-Basis).
Tympanalorgan Gehörorgan (zur Wahrnehmung von Schalldruck).

univoltin eine Generation pro Jahr.

xerotherm trockenwarm (für relative Klimasituation eines Lebensraumes).

Liste der mit ihrem wissenschaftlichen Namen genannten Wirtspflanzen

(Nomenklatur nach ROTHMALER, Exkursionsflora 6. Aufl. 1986)

Acer campestre Feld-Ahorn
Acer monspessulanum Felsen-Ahorn
Acer pseudo-platanus Berg-Ahorn
Achillea Schafgarbe
Agropyron Quecke
Agrostis Straußgras
Alnus glutinosa Schwarz-Erle
Alnus incana Grau-Erle
Artemisia Beifuß
Arthrocnemum Queller
Arundo donax Spanisches Rohr
Asteraceen Korbblütler
  Aster linosyris Goldhaar-Aster

Brachypodium pinnatum Fieder-Zwenke
Buxus sempervirens Buchsbaum

Calamagrostis Reitgras
Calluna vulgaris Besenheide
Carex Segge
  Carex arenaria Sand-Segge
  Carex lasiocarpa Faden-Segge
  Carex rostrata Schnabel-Segge
Cistaceen Cistrosengewächse
Compositen Korbblütler
Coniferen Nadelhölzer
Cyperaceen Sauergräser

Dactylis glomerata Wiesen-Knäuelgras
Deschampsia Schmiele

Equisetum palustre Sumpf-Schachtelhalm
Eriophorum Wollgras
  Eriophorum vaginatum Scheidiges Wollgras

Fagus sylvatica Rot-Buche
Festuca Schwingel
  Festuca pratensis Wiesen-Schwingel
Filipendula ulmaria Echtes Mädesüß
Frangula alnus Faulbaum
Frangula cathartica Echter Kreuzdorn

Globularia Kugelblume
Glyceria fluitans Manna-Schwaden
Glyceria maxima Wasser-Schwaden
Gramineen (= Poaceae) Süßgräser

Helianthemum Sonnenröschen
Holcus Honiggras
Hypericum perforatum Tüpfel-Johanniskraut

Juncus Binse (div. Arten der Fam. Juncaceae)
Juniperus Wacholder

Lamiaceen (= Labiaten) Lippenblütler
Leguminosen Hülsenfrüchtler
Luzula Simse

Molinia Pfeifengras
Myricaria germanica Deutsche Tamariske

Nardus Borstgras

Phragmites australis Gemeines Schilf
Pinus sylvestris Gemeine Kiefer
Phalaris arundinacea Rohr-Glanzgras
Poa nemoralis Hain-Rispengras
Poa pratensis Wiesen-Rispengras
Populus Pappel
Populus alba Silber-Pappel
Populus tremula Zitter-Pappel
Polygonaceen Knöterichgewächse
Pteridium aquilinum Adlerfarn

Quercus Eichen

Rhinanthus Klappertopf
Rubus
Rubus fruticosus s. l. Brombeere
Rumex acetosella Kleiner Sauerampfer
Salix Weide
Salix aurita Ohr-Weide
Salix caprea Sal-Weide
Salix cinerea Grau-Weide
Salix purpurea Purpur-Weide
Salix viminalis Korb-Weide
Sarothamnus scoparius Besenginster
Scirpus sylvaticus Wald-Simse
Solidago Goldrute
Stachys Ziest

Tamarix Tamarisken
Taxus baccata Eibe
Tilia Linden
Thymus Thymian

Umbelliferen Doldenblütler
Urticaceen Nesselgewächse

Vaccinium
Vaccinium myrtillus Blaubeere

Weingaertneria Silbergras

Literaturverzeichnis

(zitierte und eine Auswahl weiterführender Schriften)

a – Bestimmungsbücher

Brohmer, P. (1988): Fauna von Deutschland. Siehe Schaefer, M. (1988).

Giustina, W. della (1989): Homoptères Cicadellidae. Vol 3. In: Faune de France 73, 1–350. Fssn et Inra, Paris.

Müller, H. J. (Hrsg.) (1986): Bestimmung wirbelloser Tiere im Gelände, 2. Auflg. G. Fischer Verlag, Stuttgart.

Müller, H. J. (1986): Homoptera – Pflanzensauger, Gleichflügler. In Stresemann, E. Exkursionsfauna Bd. 2/2 Wirbellose (Insekten – 2. Teil). Volk u. Wissen, Volkseigener Verlag, Berlin.

Ossiannilsson, F. (1978): The Auchenorrhyncha (Homoptera) of Fennoscandia and Denmark. Part 1: Introduction, infraorder Fulgoromorpha. In: Fauna Entomologica Scandinavia Vol. 7 (1): 1–222. Scandinavian Science Press Ltd., Klampenborg, Denmark

– (1981): Part 2: The families Cicadidae, Cercopidae, Membracidae, and Cicadellidae (excl. Deltocephalinae).

– (1983): Part 3: The familiy Cicadellidae: Deltocephalinae, Catalogue, Literature and Index.

Ribaut, H. (1936): Homoptères Auchénorhynques I (Typhlocybidae): In Faune de France, 31. P. Lechevalier, Paris, 1–231

– (1952): Homoptères Auchénorhynques. II (Jassidae). In Faune de France, 57. P. Lechevalier, Paris, 1–474.

Schaefer, M. (1988): Rhynchota, Schnabelkerfe (excl. Heteroptera). In Brohmer, P.: Fauna von Deutschland. Quelle und Meyer, Heidelberg.

Stresemann, E. (1986): Exkursionsfauna. Siehe Müller, H. J. (1986).

Vilbaste, J. (1968): Preliminary key for the identification of the nymphs of North European Homoptera Cicadina. Ann. Entomol. Fenn. 34, 65–74.

Villiers, A. (1977): Atlas des Hémiptères. Société Nouvelle Des Éditions Boubée & Cie.; Paris.

b – Bücher zu Bau, Systematik, Lebensweise etc.

Ax, P. (1984): Das Phylogenetische System. G. Fischer, Stuttgart, New York.

Backus, E. A. (1985): Anatomical and Sensory Mechanisms of Leafhopper and Planthopper Feeding Behavior. Siehe in: Nault, L. R., Rodriguez, J. G. (1985).

BEIER, M. (1938): Homoptera. Handb. Zool., Berlin 4 (2): 2205–2456.

CLARIDGE, M. F. (1985): Acoustic Behavior of Leafhoppers and Planthoppers: Species Problems and Speciation. In: s. NAULT, L. R., RODRIGUEZ, J. G. (1985).

HENNIG, W. (1969): Die Stammesgeschichte der Insekten. W. Kramer, Frankfurt/Main.

JACOBS, W., RENNER, M. (1988): Biologie und Ökologie der Insekten. G. Fischer Verlag, Stuttgart.

KAESTNER, A. (1973): Lehrbuch der Speziellen Zoologie. G. Fischer, Stuttgart; I (3) A: 447–455 u. B: 477–491.

KATO, M. (1961): Cicadidae (Insecta). In: Fauna Japonica. Biogeographical Society of Japan. Tokyo.

MÜLLER, F. P. (1956): Homoptera. In: SORAUER: Handbuch der Pflanzenkrankheiten. Berlin, Hamburg, 5: 306–359

– (1972): U. O. Cicadina, Zikaden. In SCHWENKE (Ed.): Die Forstschädlinge Europas, 1: 127–150.

NAST, J. (1972): Palaearctic Auchenorrhyncha (Homoptera), an annotated check list. Pol. Sci. Publ., Warszawa, 550 S.

– (1979): Palaearctic Auchenorrhyncha (Homoptera). Part 2. Bibliography, Addenda and Corrigenda. Ann. Zool., Warszawa, 34 (18): 481–499.

NAULT, L. R., RODRIGUEZ, J. G., Eds. (1985): The leafhoppers and planthoppers. JOHN WILEY & SONS, New York: 1–500.

ROSS, H. H. (1965): A Textbook of Entomology, 3. ed. New York, London, Sydney.

SCHREMMER, F. (1957): Singzikaden. – Brehm Bücherei, Wittenberg, Heft 193: 1–193.

SIEWING, R. (1985): Lehrbuch der Zoologie. Bd. 2, Systematik. G. Fischer, Stuttgart, New York.

SOPER, R. (1985): s. in NAULT, L. R., RODRIGUEZ, J. G. (1985): Pathogens of leafhoppers and planthoppers. pp. 469–488.

STRÜMPEL, H. (1983): Homoptera (Pflanzensauger). Handb. Zool., W. de Gruyter, IV 828: 1–222.

WEBER, H. (1930): Biologie der Hemipteren. Springer Verlag, Berlin.

WICKLER, W. (1971): Mimikry. Nachahmung und Täuschung in der Natur. Kindler, München.

c – Artikel in Zeitschriften

BIEMAN, D. (1984): Parthenogenesis in Delphacidae. – Mitt. schweiz. Ent. Ges. 57 (4): 411.

BOOIJ, C. J. H. (1981): Biosystematics of the *Muellerianella* Complex, Taxonomy, Morphology and Distribution. Neth. J. Zool. 31 (3): 572–595

– (1982): Biosystematics of the *Muellerianella* Complex (Homoptera, Delphacidae), Interspecific and Geographic Variation in Acoustic Behavior. Z. Tierpsychol. 58, 31–52.

BOULARD, M. (1990): Contributions a l'Entomologie generale et appliquée. 2. Cicadaires. I. Cicadoidea. EPHE Lab. Biol. Evol. Ins. 3: 55–245.

DROSOPOULOS, S. (1984): Ecological and biographic evidence for the origin of »pseudogamy« provided by some Auchenorrhyncha species-complexes. Mitt. schweiz. Ent. Ges. 57 (4): 417–418.

FISH, D. (1977): An aquatic spittle bug (Homoptera: Cercopidae) from a heliconia flower bract in southern Costa Rica. Ent. News, Philadelphia, 88 (1/2): 10–12.

HALKKA, O. (1959): Chromosome studies on the Hemiptera, Homoptera, Auchenorrhyncha. Ann. Aca. sci. fenn., Helsinki, 43 (A): 3–71.

HAMILTON, K. G. A. (1975): A Review of the Northern Hemisphere Aphrodina (Rhynchota: Homoptera: Cicadellidae), with special reference to the nearctic fauna. Can. Ent. 107: 1009–1027

– (1981): Morphology and evolution of the Rhynchotan head (Insecta: Hemiptera, Homoptera). Can. Ent. 113: 953–974.

HINTON, H. E. (1976): Maternal Care in the Membracidae. Proc. R. Ent. Soc., London (C), 40: 83.

HORSFIELD, D. (1978): Evidence of Xylem feeding by *Philaenus spumarius* (L.) (Homoptera: Cercopidae). Ent. exp. appl. 24: 95–99.

MELBER, A. (1989): Entwicklung und Populationsdynamik der Heidezikade *Ulopa reticulata* (Hom., Auchenorrhyncha, Cicadellidae) in nordwestdeutschen *Calluna* – Heiden. Zool. Jb. Syst. 116: 21–30.

MICHEL, K. (1975): Das Tympanalorgan von *Cicada orni* L. (Cicadina; Homoptera). Eine licht- und elektronenmikroskopische Untersuchung. Zoomorph. 82 (1): 13–78.

MÜLLER, H. J. (1951): Über das Schlüpfen der Zikaden aus dem Ei. In: Zoologica, Stuttgart, Heft 103, 1–42

MÜLLER, H. J. (1976): Zur weiteren Analyse des larvalen Polymorphismus der Jasside *Mocydia crocea* H.–S. (Homoptera, Auchenorrhyncha). Zool. Jb., Syst. 106: 311–343.

– (1984): Über den Voltinismus der Dornzikade *Centrotus cornutus* (L.) (Homoptera Auchenorrhyncha: Membracidae) und die Einnischung mehrjähriger Insekten. Zool. Jb. Syst. 111, 321–337.

MUNK, R. (1967): Zur Morphologie und Histologie des Verdauungstraktes zweier Jassiden (Homoptera, Auchenorrhyncha) unter besonderer Berücksichtigung der sogenannten Filterkammer. Z. wiss. Zool. 175 (3/4): 405–424

– (1968): Die Richtung des Nahrungsflusses im Darmtrakt der Kleinzikade *Euscelis variegatus* KBM. (Jassidae). Z. vergl. Physiol. 58: 423–428.

NAST, J. (1987): The Auchenorrhyncha (Homoptera) of Europe. Ann. Zoologici 40 (15), 536–661.

OSSIANNILSSON, F. (1949): Insect drummers. A study on the morphology and function of the sound producing organ of Swedish Homoptera – Auchennorrhyncha with notes on their sound production. Opusc. Ent. Lund, 15: 127–130.

REMANE, R. (1984): Adaptive radiation in leafhoppers: Erythroneurini on Madeira and the Canary Islands. (Hom. Auch. Cicadellidae, Typhlocybinae). Mitt. schweiz. Ent. Ges. 57 (4): 438–439

– (1985): Vorläufige Anmerkungen zur Evolution und Speziation der Gattung *Issus* F. auf den Mittelatlantischen Inseln (Kanaren, Madeira) (Hom. Auchen. Fulgoromorpha Issidae). Marb. Ent. Publ. 1 (10): 1–108.

–, REIMER, H. (1989): Im NSG »Rotes Moor« durch Wanzen (Heteroptera) und Zikaden (Homoptera, Auchenorrhyncha) genutzte und ungenutzte »ökologische Lizenzen« im Vergleich zu anderen Mooren und der übrigen Rhön. Telma 2, 149–172.

SCHLEE, D. (1969 a): Spermaübertragung (und andere Merkmale) in ihrer Bedeutung für das phylogenetische System der Sternorrhyncha (Insecta, Hemiptera). Phylogenetische Studien an Hemiptera. 1. Psylliformes (Psyllina und Aleyrodina) als monophyletische Gruppe. Z. Morph. Tiere 64: 95–138

– (1969 b): Die Verwandtschaftsbeziehungen innerhalb der Sternorrhyncha aufgrund synapomorpher Merkmale. Phylogenetische Studien an Hemiptera. 2. Aphidiformes als monophyletische Gruppe (Aphidina und Coccina). Stuttgart. Beitr. Naturk. 199: 1–19

– (1969 c): Bau und Funktion des Aedeagus bei Psyllina und deren Bedeutung für systematische und phylogenetische Untersuchungen (Insecta, Hemiptera). Phylogenetische Studien an Hemiptera. 3. Entkräftung eines Arguments gegen die Monophylie der Sternorrhyncha. Z. Morph. Tiere 64: 139–150

– (1969 d): Morphologie und Symbiose: ihre Beweiskraft für die Verwandtschaftsbeziehungen der Coleorrhyncha (Insecta, Hemiptera). Phylogenetische Studien an Hemiptera. 4. Heteropteropidea (Heteroptera und Coleorrhyncha) als monophyletische Gruppe. Stuttgart. Beitr. Naturk. 210: 1–27

– (1969 e): Der Flügel von *Sphaeraspis* (Coccina), prinzipiell identisch mit Aphidinaflügeln. Phylogenetische Studien an Hemiptera. 5. Synapomorphie Flügelmerkmale bei Aphidina und Coccina. Stuttgart. Beitr. Naturk. 211: 1–11.

STRONG, D. R., STILING, R. D. (1983): Wing dimorphism changed by experimental density manipulation in a planthopper (*Prokelisia marginata*, Homoptera, Delphacidae). Ecology 64, 206–209.

STRÜBING, H. (1977): Lautäußerung oder Substratvibration als Kommunikationsmittel bei Kleinzikaden? Zool. Beitr. N. F. 23, 323–332.

–, ROLLENHAGEN, T. (1988): Ein neues Aufnehmersystem für Vibrationssignale und seine Anwendung auf Beispiele aus der Familie Delphacidae (Homoptera-Cicadina). – Zool. Jb. Physiol. 92, 245–268.

VIDANO, C. (1960): Dioecia obbligata in *Typhlocyba* (*Ficocyba*, n. subg.) *ficaria* Horvath (Hemiptera, Typhlocybidae). Boll. Ist. ent. Univers. Bologna, 24: 121–145.

VRIJER, P. DE (1984): Variability in the calling signals of the planthopper *Javesella pellucida* in relation to temperature and consequences for species recognition during distant communication. – Neth. J. Zool. 34 (3): 388–406

– (1986): A parthenogenetic planthopper found in Greece. – Proc. 2nd Int. Congr. Rhynchota Balkan, Mikrolimni 46.

WALOFF, N. (1979): Partititioning of resources by grassland leafhoppers. Ecol. Entomol. 4: 379–385.

WITSACK, W. (1971): Experimentellökologische Untersuchungen über Dormanzformen von Zikaden (Homoptera, Auchenorrhyncha). 1. Form und Induktion der Embryonaldormanz von *Muellerianella brevipennis* (Boheman) (Delphacidae). Zool. Jb. Syst. 98: 316–340.

– (1973): – . 2. Zur Ovarial-Parapause und obligatorischen Embryonal-Diapause von *Philaenus spumarius* (L.) (Aphrophoridae). Zool. Jb. Syst. 100 (4): 517–562.
WOOD, T. K., MORRIS, G. K. (1974): Studies on the function of the membracid pronotum (Homoptera). I. Occurrence and distribution of articulated hairs. Can. Ent. 106 (2): 143–148.

Bildnachweis

Zeichnungen: Manuela Hutschenreiter nach Vorlagen von R. Remane

Fotos:
Alle rasterelektronischen Aufnahmen: Freie Universität Berlin, Institut für Zoologie, Königin-Luise-Str. 1–3, D-1000 Berlin 33 (E. Wachmann)

Alle Makrofotos: E. Wachmann, Berlin

Register

Halbfett gesetzte Zahlen beziehen sich auf Abbildungen bzw. Abbildungslegenden, kursiv gesetzte auf die wichtigste Textstelle zum entsprechenden Stichwort. Gewöhnliche Seitenzahlen verweisen auf weitere relevante Textstellen.